中国公路水运计量发展蓝皮书

2017

陈　南　和　松　编著

内 容 提 要

全书分为三篇（基础篇、现状篇、发展篇）共8个章节，分别从"计量的本质内涵""计量工作的内容和目标""计量的体系构架""公路水运计量机构""公路水运计量标准""公路水运计量服务""公路水运计量发展新机遇"以及"公路水运计量测试技术新进展"等方面进行系统的阐述。

本书是公路水运计量领域的第一部发展报告，可以成为行业主管部门统筹管理的重要依据以及科研技术人员的重要参考文献。

图书在版编目（CIP）数据

中国公路水运计量发展蓝皮书 2017 / 陈南，和松编著. — 北京：人民交通出版社股份有限公司，2017.12

ISBN 978-7-114-14332-8

Ⅰ. ①中… Ⅱ. ①陈… ②和… Ⅲ. ①道路工程—工程造价—研究报告—中国—2017②航道工程—工程造价—研究报告—中国—2017 Ⅳ. ①U415.13②U615.1

中国版本图书馆 CIP 数据核字（2017）第 276303 号

Zhongguo Gonglu Shuiyun Jiliang Fazhan Lanpishu 2017

书　　名：中国公路水运计量发展蓝皮书 2017
著 作 者：陈　南　和　松
责任编辑：牛家鸣　王景景
出版发行：人民交通出版社股份有限公司
地　　址：（100011）北京市朝阳区安定门外外馆斜街3号
网　　址：http://www.ccpress.com.cn
销售电话：（010）59757973
总 经 销：人民交通出版社股份有限公司发行部
经　　销：各地新华书店
印　　刷：中国电影出版社印刷厂
开　　本：880×1230　1/16
印　　张：8.25
字　　数：244 千
版　　次：2018年2月　第1版
印　　次：2018年2月　第1次印刷
书　　号：ISBN 978-7-114-14332-8
定　　价：100.00 元

本书编委会

前言

计量是科学的基石，在国民经济、国防建设及社会生活中也发挥着重要的不可替代的基础支撑作用。计量技术和计量管理水平，体现了科学技术的整体实力，也反映了社会法制健全程度和法律环境状况，更是体现国家综合竞争力和经济社会可持续发展能力的重要标志。

交通运输是国民经济的重要组成部分，计量是交通运输行业的基础性及关键性工作。"十二五"期间，公路、水运国家计量站先后获得国家质检总局授权成立，公路水运计量事业方兴未艾。面对"十三五"发展的重大机遇期，公路、水运计量必须站在行业的高度，对自身的发展历程和现状做一个清晰的梳理，明确未来发展的方向。因此，由交通运输部公路科学研究院国家道路与桥梁工程检测设备计量站牵头，联合国家水运工程检测设备计量站、国家船舶舱容积计量站以及公路、水运行业地方计量机构，共同编写了《中国公路水运计量发展蓝皮书 2017》。

本书的编写立足于三个主要目标。

第一，本书是一部公路水运专业计量工具书。希望通过本书能够向读者阐明计量的基本概念和内涵、计量体系的基本构架以及行业计量的基本特征。为此，本书对计量的定义、内涵、发展历史、基本概念及术语进行了简明的阐述，然后从三个方面（法治体系、管理体系、技术体系）对整个计量体系进行了论述，并且进一步对交通运输计量（尤其是公路水运计量）的整体概况进行了介绍。此外，本书还在附录及正文中收录了大量公路水运计量相关的法律、法规、标准、规范、规程名目及其他一些重要的文件资料，可供管理者及专业技术人员查询之用。

第二，本书是一份公路水运计量行业的阶段性发展报告。力求从现有的计量机构体系、计量标准体系以及计量服务体系等方面总结出十二五以来公路水运计量行业发展概况，对照行业需求和国内外现状，认清差距所在，找出制约发展的瓶颈问题，明确"十三五"时期公路水运计量发展的方向和任务目标。为此，本书首先介绍了公路水运行业的三大国家计量站（国家道路与桥梁检测设备计量站、国家水运工程检测设备计量站、国家船舶舱容积计量站）、地方计量机构以及公路水运专业技术计量委员会的发展现状；然后，对现有的公路水运行业计量标准体系、建标需求和管理目录等重要内容进行了发布；此外，还对目前正在开展的检定、校准、比对、测试、技术咨询、基础培训、政策法规宣贯等计量服务工作进行了总结梳理。最后，基于发展形势的要求和存在的问题，提出了公路水运计量在"十三五"时期的主要发展方向和任务目标。

第三，本书是一本公路水运计量测试新技术的指南。测试技术是计量的核心问题，也是引领计量科学发展的动力所在。本书对目前公路水运领域的实用计量测试技术进行了介绍，同时也对行业内具有引领性的计量测试新技术、新方法进行了综述，希望能够以抛砖引玉的方式提出一些较为前沿的技术性观点，有助于启发行业内科研人员凝练出未来公路水运计量测试的关键科学问题和重大技术需求。

全书分为三个篇章(基础篇、现状篇、发展篇)共 8 个章节,分别从计量的本质内涵、计量工作的内容和目标、计量的体系构架、公路水运计量机构、公路水运计量标准、公路水运计量服务、公路水运计量发展新机遇以及公路水运计量测试技术新进展等方面进行系统的阐述。全书由陈南统筹编写,和松对本书进行了全方位的指导和审查;曹玉芬、柳义成等承担了水运计量相关内容的编写,罗翥、林志丹、苏文英等参与了本书第三章部分内容的编写,何华阳、刘璐、窦光武等参与了第六章的编写。另外,本书在编写过程中,得到了交通运输部以及公路院各级领导的鼎力支持,行业内的同仁也给予了大力配合,在此表示衷心的感谢! 由于写作时间仓促及编写组水平有限,书中难免存在诸多不足之处,敬请各位专家和读者批评指正。

《中国公路水运计量发展蓝皮书 2017》是公路水运计量领域的第一部发展报告,希望本书可以成为行业主管部门统筹管理的重要依据以及科研技术人员的重要参考文献,同时也希望它能够成为展示交通计量发展蓝图的一扇窗口。

和松

国家道路与桥梁工程检测设备计量站　站长

目录

基 础 篇

第一章 计量基础 …… 003
一、计量的定义与内涵 …… 004
二、计量发展史概览 …… 007
三、计量基本术语及概念 …… 010
第二章 计量体系 …… 013
一、计量法治体系 …… 014
二、计量管理体系 …… 015
三、计量技术体系 …… 018
第三章 交通运输计量概况 …… 021
一、交通运输计量的组成 …… 022
二、公路水运计量发展概况 …… 024

现 状 篇

第四章 公路水运计量机构 …… 031
一、国家道路与桥梁工程检测设备计量站 …… 032
二、国家水运工程检测设备计量站 …… 033
三、国家船舶舱容积计量站 …… 034
四、公路、水运行业地方计量站 …… 035
五、全国公路专用计量器具计量技术委员会 …… 037
第五章 公路水运计量标准体系 …… 039
一、公路行业最高计量标准 …… 040
二、水运行业最高计量标准 …… 043
三、公路水运计量标准建标需求分析 …… 048

第六章　公路水运计量服务 …… 051
一、公路行业计量服务 …… 052
二、水运行业计量服务 …… 054

发　展　篇

第七章　公路水运计量发展机遇期 …… 061
一、公路水运计量发展形势分析 …… 062
二、公路水运计量职能定位与发展原则 …… 063
三、公路水运计量发展目标与任务 …… 064
第八章　公路水运计量技术新进展 …… 067
一、公路工程关键参量拟态测试技术 …… 068
二、交通基础设施服役性能远程在线计量及交互技术 …… 068
三、基于检定水槽与模拟标准装置的回声测深仪计量测试技术 …… 070
四、基于恒温水槽与压力标准装置的声速剖面仪计量测试技术 …… 072

附录 A　交通运输标准化“十三五”发展规划 …… 075
附录 B　公路水运工程试验检测法律、法规、标准、规范、规程现行参考目录索引 …… 086
附录 C　公路工程试验检测标准、规范、规程现行参考目录 …… 089
附录 D　水运工程试验检测标准、规范、规程现行参考目录 …… 108
附录 E　公路工程试验检测仪器设备计量管理目录 …… 118
附录 F　水运工程试验检测仪器设备计量管理目录 …… 122

基 础 篇

第一章　计量基础

计量，是主体运用理性认识自然的过程中确定并复现量的活动。计量实现单位的统一、保证量值的准确可靠。计量的发展伴随着人类历史进程，从古老的度量衡发展到今天较为完善的计量科学体系。计量科学涉及测量理论和实践的各个方面，涵盖所有测量技术领域。

一、计量的定义与内涵

1. 计量的定义

主体在感知世界的过程中运用理性为自然建立了各种基于数学原理的关系，这是认识自然、获取一切科学知识的前提。主体能够为自然建立这些关系，必须首先确定衡量各种自然关系的基本标准，这就是“量”的概念。例如，10 亩（土地）、3 公斤（粮食）、17 公里（距离），分别属于面积、质量及长度“量”的范畴。通过构建“量”的概念，使自然关系得以量化，科学便成为可能（图 1-1）。

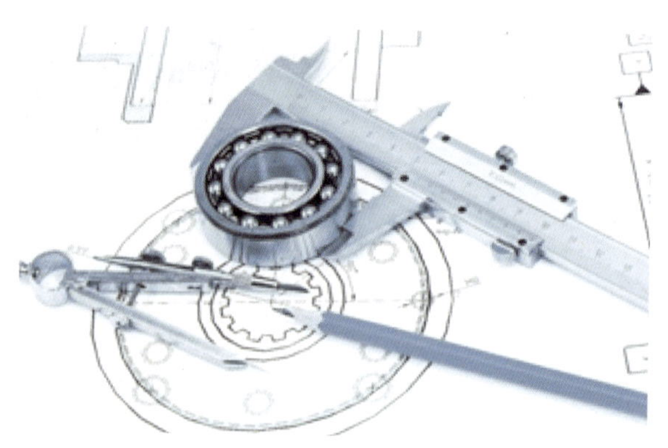

图 1-1 将自然“量”化是科学产生的前提

计量，是主体运用理性认识自然的过程中确定并复现“量”的活动，人类的一切科学知识都是从计量开始的，计量愈能精准，科学知识愈能正确。

“计量”一词的由来

计量，是一个现代词汇，是伴随着西方文明传入我国的科学概念。根据研究，计量一词最早出现在民国时期，在民国以前不曾有人将其作为一个专门术语应用在测量技术领域。计量比我国古代度量衡内涵更为丰富，更适用于近现代测量科学领域。

狭义的计量一般是指计量科学，即 Metrology—The science of measurement，embracing both experimental and theoretical determinations at any level of uncertainty in any field of science and technology（计量——关于测量的科学，它涉及测量理论和实用的各个方面，不论其不确定度如何，也不论其用于什么测量技术领域）。从词根的角度分析，Metrology = Measure（测量）+ 后缀 logos（理性），而 logos 是古希腊哲学概念（希腊语“λογοσ”），意指宇宙万物混沌的外表下存在一个理性的秩序，它是人能够理解宇宙世界的必然前提。因此，Metrology 一词表达了计量含有“通过理性认识（测量）自然世界”的本质内涵。

新中国成立以前，计量、测量甚至度量衡等词汇并无明确区分，直至 1955 年成立国家计量局以后，计量才正式取代度量衡成为官方文件及科技领域公认的专门术语，并沿用至今。

2. 计量的内涵

计量的内涵是什么？长久以来，这个问题一直没有明确的答案。1998 年国家技术监督局颁布了《通用计量术语和定义》（JJF 1001—1998），其中首次对计量的内涵做了如下明确界定：

计量——实现单位统一、量值准确可靠的活动。

该内涵对计量工作的内容做了明确规定，计量工作主要实现两大基本任务：一是要保证国家计量单位制度的统一；二是要保障测量领域里量值准确可靠。计量工作，就是围绕以上两大基本任务所进行的各种活动，包括科学技术性活动以及管理性活动。

"计量"与"度量衡"

计量是由度量衡延伸和发展而来的。

度、量、衡三个字既是名词又是动词，作为名词它们分别指代尺、斗、秤三种古代测量仪器，作为动词就是用上述仪器对长度、容量和重量进行测量以及保证测量准确的活动。度政，是对度量衡的行政管理，可见中华帝国政府对度量衡工作高度重视。在英语中，"尺子"和"统治者"是同一个词——ruler。我国古代把衡器用的砝码称为"权"，显然它象征着统治者的权力。所以，在我国度量衡不仅是单纯的测量长度、容积和重量的一般技术活动，也包含着一种社会管理性质的活动。

当今，计量涉及的领域比度量衡更为广泛，包括计量单位制研究、复现和建立计量标准研究、量值溯源性研究、测量(测试)技术研究、测量设备研究、测量准确性理论研究以及为实现计量单位统一和量值准确相关的法律、法规、组织管理体系的设计研究等。更值得深刻认识的是，现代计量在社会管理方面的影响已经远远超过了传统的度量衡工作，古代度量衡只是涉及商业和税收，而现代计量还涉及人类健康医疗、安全、环保、资源、司法以及产品质量等关乎社会经济有序发展的各个方面——这些都是传统度量衡工作所无法比拟的。

国际上把计量分为科学计量、工程计量和法制计量三大类，分别代表计量的基础、应用和管理三种属性。科学计量，是指基础性、探索性、先行性的计量科学研究，用最新的科技成果来精确地定义与实现计量单位，为最新的科技发展提供可靠的测量基础。工程计量(工业计量、应用计量)，是指为获得准确可靠的测量数据以满足企业生产和经营要求的各项活动，体现了一个国家工业竞争力和科技水平。法制计量，是指为了保护国家或人民免受不诚实测量所造成的损害，由法律调整或受政府计量机构调整的所有计量活动的总称，主要涉及计量单位、测量方法、测量设备和测量实验室的法定要求等。

计量不同于测量，它具备准确性、一致性、溯源性及法治性四个基本特点(图1-2)。

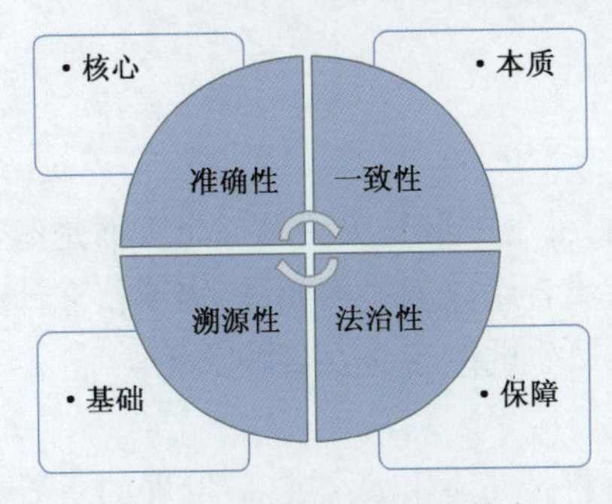

图1-2 计量的四个基本特点

(1)准确性：是指测量结果与被测量真值的一致性。准确性是计量的核心，也是计量权威性的象征，一切数据只有建立在准确测量的基础上才具有使用价值。

(2)一致性：是指在统一计量单位的基础上，无论在何时何地采用何种方法、使用何种计量器具，以及由何人测量，只要符合有关要求，其测量结果就应在给定区间内是一致的。一致性是计量最本质的特征。它集中反映在计量单位的统一和量值的统一，而计量单位的统一又是量值统一的重要前提。计量的一致性，不仅局限于一个国家，而且具有国际性。

(3)溯源性：是指任何一个测量结果或测量标准的值，都能通过一条具有规定不确定度的连续比较链，与计量基准联系起来。溯源性是"准确性"和"统一性"的技术归宗，避免了量值出于多源，造成技术上和管理上的混乱，它使计量的准确和一致得到保证。

（4）法制性：是指计量的法律行为。计量的社会性（国计民生、公众利益、可持续发展或特殊信任领域）决定了计量的法制性。如果不通过立法予以保障，计量的“统一性”和“准确性”也就成了空话。

3. 计量在国民经济和社会生活中的作用

计量对国民经济和社会生活起到了至关重要的作用。但是，由于意识形态的原因，计量对经济社会的基础性和支撑性作用，并不被人们所充分认识。计量工作关系社会的方方面面，具体地说它涉及科学实践数据的准确、生产工艺过程的可靠控制、生产质量评价、能源利用和消耗的数量、贸易公平、司法公正、医疗诊断评估及统计报表可信度等方面。计量，尤其在以下方面，更具有特殊的作用：

（1）计量与科技

没有计量，便没有科学——门捷列夫。计量是科学产生和发展的必然前提，科学研究要取得新发现、新成就、新进步就必须首先重视计量工作。只有提供先进的测量方法，才能不断改进科研方法、提高科研水平。因此，计量科学的先导作用和保障作用是十分明显的。

（2）计量与工业经济

生产发展、经营管理改善、产品质量和经济效益提高都与计量息息相关。企业的计量工作已成为现代化工业生产的三大支柱（计量检测、工艺装备和原材料）之一。世界上工业发达国家都积极通过加大计量的投入，引进先进的测量手段来控制生产经营过程，提高产品质量，提高经济效益。实践证明，有了稳定可靠的计量保障体系可以实现大规模高质量的现代化生产，不仅可以提高企业的经济效益，而且可以增强企业诚信度，从而极大地提升企业核心竞争力。以计量为基础支撑的“质量强国”战略如图 1-3 所示。

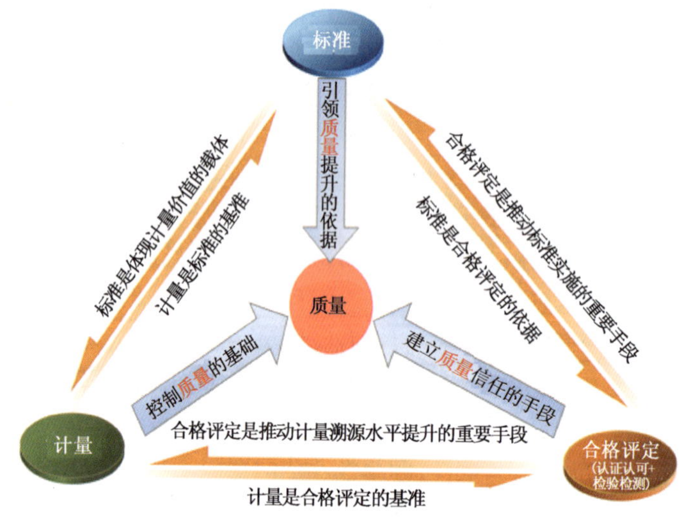

图 1-3　以计量为基础支撑的“质量强国”战略

（3）计量与民生

现代社会，人们对于提升生活质量和品质的关注日益增大。当前，民生中最受关注的三个方面是健康医疗、食品安全和生态环境。在这些领域里面存在一些长期被忽略或者难以解决的问题，需要依靠计量科学的发展和计量工作的进一步深化去解决。可以这么说，计量与民生的改善有直接的关系。

（4）计量与安全

国防，是捍卫国家安全的重要保障。国防系统的计量工作是国防科技工业和武器装备发展的重要基础。在社会层面，由于自然原因以及对科技的过分依赖，公共安全事故隐患时时刻刻威胁着公民生命财产安全。通过计量可以提高重要设施和安全检测系统的可靠性，从而能够避免重大安全事故的发生。因此，公共安全也是计量部门非常重视的领域。

二、计量发展史概览

计量史与社会经济发展史、科学技术发展史一样,也可分为古代、近代和现代三个历史阶段。了解计量发展史概况,可以加深对计量工作内涵的认识,总结和汲取计量工作的发展脉络和经验。

1. 古代度量衡

度量衡的发展大约始于父系氏族社会末期。传说黄帝"设五量","少昊同度量,调律吕"。度量衡单位最初都与人体相关:"布手知尺,布指知寸""一手之盛谓之掬,两手谓之溢"。这时计量单位尚有因人而异的弊病。《史记·夏本纪》中记载禹"身为度,称以出",则表明当时已经以名人为标准进行单位的统一,出现了最早的法定单位。商代遗址出土有骨尺、牙尺,长度约合 16 厘米,与中等身材的人大拇指和食指伸开后的指端距离相当。尺上的分寸刻划采用十进位,它和青铜器一样,反映了当时的生产和技术水平。春秋战国时期,群雄并立,各国度量衡大小不一。秦始皇统一全国后,推行"一法度衡石丈尺,车同轨,书同文字",颁发统一度量衡诏书,制定了一套严格的管理制度。汉代政治经济皆如秦制,度量衡也沿用秦制。西汉末刘歆将秦汉度量衡制度整理成文,使之更加规范化、条理化,后收入《汉书·律历志》,成为最早的度量衡专著。隋文帝统一全国后,下令统一度量衡,用北朝大尺(长 30 厘米)作为官民日常用尺,用南朝小尺测日影以冬至和夏至。唐代僧一行测量子午线,宋代司天监的圭表尺、元代郭守敬造观星台所标的量天尺都采用隋唐小制。在 1300 多年间,量天尺的尺值恒定不变,保证了天文测量的连续性和稳定性,而日常用尺历朝差异较大。古代计量——度、量、衡如图 1-4 所示。

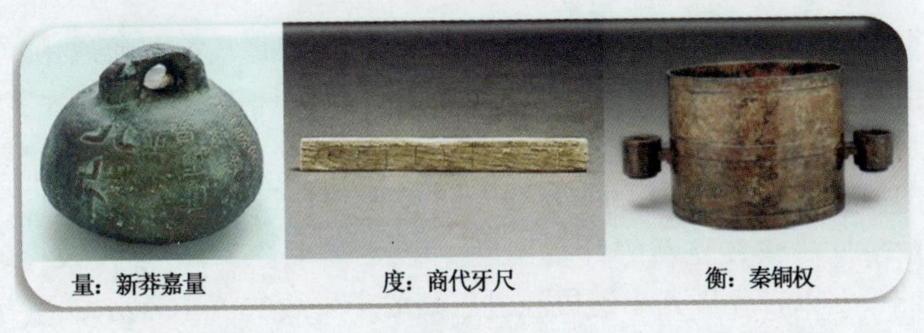

图 1-4 古代计量——度、量、衡

在古代如何确定一个恒定不变的长度单位,成为历代探讨和争论的关于度量衡的课题。《汉书·律历志》记述,度"起于黄钟之长,以子谷秬黍中者,一黍之广度之,九十分黄钟之长,一为一分"。即以固定音高的黄钟律管的长度为 9 寸,选用中等大小的黍子,横排 90 粒为黄钟律管之长,100 粒恰合一尺。律管容积为容量单位一龠,10 龠为合,10 合为升,一龠之黍重 12 铢,24 铢为两,使度量衡三者建立在物理量的自然基准之上,这在当时是很先进的。《汉书·食货志》记有"黄金方寸而重一斤"。《后汉书·礼仪志》中有"水一升,冬重十三两。"清康熙年间规定以金、银等金属作为长度和重量的标准,后发现金属纯度不高影响标准精度而改用一升纯水为重量标准。这种利用重量确定度量衡单位的方法在世界度量衡史上占有一定地位。

明清两代采用营造、库平度量衡制。清乾隆帝接受西方科学技术,在钦定《数理精蕴》中对度量衡详加考订,并用万国权度原器与营造尺、库平两进行校验。营造尺相当于米制 32 厘米,库平两约合 37.3 克。光绪三十四年(1908),清廷拟订划一度量衡制和推行章程,并且商请国际权度局制造铂铱合金原器和镍钢合金副原器,于次年制成运回中国。可以这么说,度量衡在我国古代主要还是作为一种社会经济管理手段,对于古代社会经济发展起到了支撑和推动作用。但是,直至清朝末年我国度量衡仍然沿用 14 世纪以前的制度,中国已经大大落后于世界计量的发展进程。

2. 近、现代计量史发展

16 世纪末近代科学开始兴起。英国物理学家牛顿，在开普勒定律的基础上，于 1685 年完成了万有引力定律和机械运动三定律的论证和描述，建立起完整的经典力学体系。牛顿力学对热学、电磁学等的研究产生重大影响，也为近代计量学的创建和测量技术的发展奠定了基石。在近代物理学实验过程中，逐步确立了许多物理量，如质量、力、长度、能量、速度、时间、加速度、压力、温度等；创造了许多测量仪器和装置，如天平、温度计、脉搏计、望远镜等。但是，科学家们越来越受到多种物理量单位制的杂乱和无规律的扰乱，无法准确地交流他们的实验结果，迫切需要确立能在国际间通用的物理量单位及其标准。

定量研究热现象的第一个标志是测量物体的温度。1593 年，伽利略利用空气受热膨胀和遇冷收缩的原理制作了以空气作为测温物质的第一支温度计，但没有固定的刻度。此后，又出现了以酒精或水银为测温物质的玻璃温度计，但因重复性不够好，并未形成测量标准。1665 年，荷兰物理学家惠更斯提出以冰或沸水的温度作为计量温度的参考点。1703 年，丹麦学者罗默则选用冰、水和食盐的混合温度作为零点。1714 年，德国物理学家华伦海脱首先用水银制成了数值稳定的温度计，水银的使用大大扩展了测量范围，他选定了两个参考点：以氯化铵与冰水混合物的温度为零华氏度，以人体的温度为 96 华氏度，中间分为 96 等分。后来，又作了调整，以水的沸点为 212 华氏度，纯水的冰点为 32 华氏度。调整后的人体温度为 98.6 华氏度，至今一些西方国家仍沿用这种华氏温标。1742 年，瑞典物理学家摄尔西斯，提出了一个新的测温系统，以水银为测温物质，将水的沸点定为零摄氏度，冰点定为 100 摄氏度，成为百分度的温标。8 年以后，他的同事建议把标度颠倒过来，这就是著名的摄氏温标，至今仍得到国际上的广泛应用。测温单位和温标的建立，充分说明近代物理学促进了近代计量学的发展。

从 18 世纪 50 年代起，法国科学家们开始寻找一个适用于世界各国的通用单位，以便以它为基础得到一种在所有国家都能使用的计量单位制。1790 年，法国国民议会责成科学院组成计量改革委员会。次年，委员会提议以赤道到北极的子午线的一千万分之一为基本长度单位，并成立了测量子午线、计算、试验摆的振动、研究蒸馏水的重量以及比较古代计量制度五个小组。1793 年，委员会又提议使用已有的测量结果尽快建立新的计量制度。1795 年 4 月 7 日，国民议会颁布新的度量衡制度：采用十进制；米的长度以自北极到赤道段经过巴黎的子午线的一千万分之一为标准；质量单位以 1 立方分米温度为摄氏 4 度纯水在真空中的质量。1799 年，测绘学家的大地测量工作最终完成，铸出了纯铂米和千克原器。同年 12 月 10 日，颁布法律确定米和千克的值。1801 年，政府下令改用新制，但遇到许多阻碍，至 1812 年，拿破仑·波拿巴废新复旧，以顺民情。其后科学文化日进，1837 年 7 月 4 日的法令终于确定法国从 1840 年 1 月 1 日开始实行“米制”。为纪念这一盛事，制作了纪念章，上面写着：“永远为人类服务”，如图 1-5 所示。

图 1-5 法国“米制”纪念章

19 世纪的自然科学经历了突飞猛进的发展，科学家受牛顿力学的影响，在实验科学中取得许多重大突破，如：焦耳定律、卡诺热循环理论、安培电流定律、法拉第电磁感应理论、麦克斯韦电磁场理论、拉瓦锡氧的发现和氧化学说等理论。相继建立起热力学、电磁学、化学等学科并得到了技术应用。数学长足进步，不断推出新概念和新方法。天文学、地学有很大发展。光学、生物学、有机化学也随之兴起。科学的进步为计量学发展奠定了理论基础。19 世纪初，米制开始向世界普及。1820 年，米制先由欧洲几个低地国家（荷兰、比利时、卢森堡）所采用，接着西班牙、哥伦比亚、墨西哥、葡萄牙、意大利以及很多其他国家相继采用。1851 年，第一届万国博览会（世界博览会）在伦敦举办。会上，展出的巴黎工艺院米尺，参观者见此精良制造之尺，十分惊喜，认为必须有统一的度量衡制，才能对陈列品比较其优劣、评定其价值。1855 年，在巴黎的一次国际会议上，与会者创议设立度量衡研究会，推行米制。同年，巴黎万国工艺博览会审查委员会开会讨论实行米制办法，要求委员们“各尽心力，劝告本国政府及有识之士，推行米制，以谋公益”。1864 年，英国允许米制单位同英制单位并用。同年，德国也全部采用米制。1867 年，巴黎世界博览会期间，在世界工业巨大发展的强烈影响下，一批科学家创建了度量衡和货币委员会，专门研究和推动两者的世界统一任务。可见当时统一世界计量单位制已是大势所趋。1869 年，法国政府邀请许多国家派代表参加“国际计量委员会”。1870 年 8 月，有 24 个国家派了代表到巴黎开会，后因普法战争会议中止。1872 年，由 30 个国家的代表继续开会，再次肯定上次会议关于制造米和千克新原器并向各与会国提供复制品的决议。1875 年 3 月 1 日，法国政府召开“米制外交会议”。5 月 20 日，17 个国家的全权代表签署了《米制公约》，决定成立国际计量局（BIPM），这是计量学走向国际统一的里程碑。

从 19 世纪中期至 20 世纪初期的半个多世纪内，在一批物理学家和工程技术名家的共同努力下，已先后建立起长度、时间、质量、电单位、温度和光度 6 个单位的国际标准，为今后建立更加完善的国际单位体系奠定了良好的科学基础。1971 年，第 14 届国际计量大会又通过了物质的量的单位——摩尔的定义，并决定摩尔为国际单位制 7 个基本单位之一，使以 7 个基本单位为基础的国际单位制得到了进一步完善。以 7 个基本单位为基础的国际单位制的建立标志着计量学发展进入一个新的阶段，它实现了计量单位在各国、各地区以及科技、经济、社会各领域中的广泛通用的目标。虽然，美国目前尚使用部分英制单位，但以国际计量大会、国际计量委员会为权威单位的一切文件、决定和国际推荐值，均一律采用国际单位制。我国国务院于 1984 年，发布了《关于在我国统一实行法定计量单位的命令》，在其后颁布的计量法中，也明文规定采用国际单位制。采用国际单位制标志着我国计量领域与国际全面接轨。

1960 年以后，计量单位的定义有以量子物理为依据、以基本物理常数为基础的明显趋势。一些基本单位和导出单位在采用新定义后，其复现的准确度有了大幅度的提高。这一时期计量学发展的另一个重要进展，是在建立测量和校准结果的国际多边互认制度方面。1985 年，英国率先成立了全国统一的国家认可机构。这是由国家法律或政府授权的一个权威性公正机构，依据正式发布的认可要求，对认证机构、检验机构（测试实验室）或人员等从事的有关测量的能力实施评定，对符合要求的机构或人员进行注册，并向社会公布，证明被认可（注册）的机构或人员具备相应能力的活动。这是由权威机构对组织从事检验、检查、认证等评价活动的能力给予正式承认的程序。近年来，这种制度逐渐在国际上得到推广使用。世界各国的评定机构之间，在按照规定的规则程序，通过国际评审，证明合格评定过程的等效性的基础上，相互接受合格评定的结果。这种相互承认活动可以在国家、区域和国际三个层次上进行，通过签订双边或多边相互承认协议加以规定和实施。1997 年至 1998 年间，由国际计量局在巴黎召开了两次《米制公约》成员国国家计量院院长会议，签署了有关标准和测量证书的互认协议，并在成员国之间开展 100 多项的关键比对，以利于实现量值的国际统一。国际上在科学研究、工农业生产以及多边贸易的发展方面可以具有统一的计量标准和单位量，正朝着现代计量学的最终目标——以最高准确度统一全世界的物理测量大步迈进。2000 年 10 月 17 日，国际计量委员会隆重举行国际计量局成立 125 周年纪念大会，总结一个多世纪以来从近代计量学发展到现代计量学所取得的辉煌成就。

三、计量基本术语及概念

(1)计量学:关于测量的科学,计量学涵盖有关测量的理论与实践的各个方面,而不论测量的不确定度如何,也不论测量是在科学技术的哪个领域中进行的。

(2)测量:以确定量值为目的的一组操作。

(3)基本量:在给定量制中约定的认为在函数关系上彼此独立的量。在国际单位制中,长度、质量、时间、热力学温度、电流、物质的量和发光强度为基本量。

(4)导出量:在给定量制中由基本量的函数所定义的量。例如,在国际单位制所考虑的量制中,速度是导出量,定义为长度除以时间。

(5)被测量:作为测量对象的特定量。例如,给定的水样品在20℃时的蒸汽压力。

(6)影响量:不是被测量但对测量结果有影响的量。例如:用来测量长度的千分尺的温度;交流电位差幅值测量中的频率;测量人体血液样品血红蛋白浓度时胆红素的浓度。

(7)测量原理:测量的科学基础。例如:应用于温度测量的热电效应;应用于电位差测量的约瑟夫森效应;应用于分子振动波数测量的喇曼效应。

(8)测量方法:进行测量时所用的,按类别叙述的逻辑操作次序。

(9)测量程序:进行特定测量时所用的,根据给定的测量方法具体叙述的一组操作。

(10)测量信号:表示被测量与该量有函数关系的量。

(11)测量结果:由测量所得到的赋予被测量的值。

(12)重复性:在相同测量条件下,对同一被测量进行连续多次测量所得结果之间的一致性。重复性条件包括:相同的测量程序、相同的观测者、在相同的条件下使用相同的测量仪器、相同的地点、在短时间内重复测量等。

(13)复现性:在改变了测量条件下,同一被测量的测量结果之间的一致性。在给出复现性时,应有效说明改变条件的详细情况,改变条件可包括:测量原理、测量方法、观测者、测量仪器、参考测量标准、地点、使用条件、时间等。

(14)测量不确定度:表征合理地赋予被测量之值的分散性,与测量结果相联系的参数。此参数可以是诸如标准偏差或其倍数,或说明了置信水准的区间的半宽度。测量不确定度由多个分量组成,其中一些分量可用测量列结果的统计分布估算,并用实际标准偏差表征;另一些分量则可用基于经验或其他信息的假定概率分布估算,也可用标准偏差表征。测量结果应理解为被测量之值的最佳估计,而所有的不确定度分量均贡献给了分散性,包括那些由系统效应引起的分量。

(15)标准不确定度:以标准偏差表示的测量不确定度。

(16)测量误差:测量结果减去被测量的真值。由于真值不能确定,实际上用的是约定真值。当有必要与相对误差相区别时,此术语有时称为测量的绝对误差。

(17)相对误差:测量误差除以被测量的真值。由于真值不能确定,实际上用的是约定真值。

(18)随机误差:测量结果与在重复性条件下对同一被测量进行无限多次测量所得结果的平均值之差。

(19)系统误差:在重复性条件下,对同一被测量进行无限多次测量所得结果的平均值与被测量的真值之差。

(20)修正值:用代数方法与未修正测量结果相加,以补偿其系统误差的值。修正值等于负的系统误差,由于系统误差不能完全获知,因此这种补偿并不完全。

(21)计量标准器具(也称计量标准):为了定义、实现、保存或复现量的单位或一个或多个量值,用作参考的实物量具、测量仪器、参考(标准)物质或测量系统。

(22)工作标准:用于日常检定、校准或核查实物量具、测量仪器或参考(标准)物质的测量标准。对于交通运输部公路科学研究院来说,所说的标准仪器/仪表就是工作标准。

(23)在线仪表:现场用于测量和指示系统运行状态的仪器/仪表或测量装置。

(24)标准物质:具有高度均匀性、良好稳定性和量值准确性的一种计量标准。是一种或多种足够均匀和已确定了的特性,用以校准计量器具、评价测量方法或给材料赋值,并附有经批准的鉴定机构发给证书的物质或材料。

(25)量值传递:通过对测量器具的校准/检定,将国家测量标准所复现的单位量值通过各等级测量标准传递到工作测量器具的活动,以保证被测对象的量值准确和一致。量值传递是自上而下逐级量传,具有很强的法制性。

(26)溯源性:通过一条具有规定不确定度的不间断的比较链,使测量结果或测量标准的值能够与规定的参考标准,通常是与国家测量标准或国际测量标准联系起来的特性。量值溯源是自下而上,属于企业的自主行为,是实现保障计量单位制统一和实现量值准确可靠的主要途径和手段。量值溯源只适用于非强制工作测量器具。

(27)计量检定(简称检定):指为评定测量器具的计量性能,确定其是否合格所进行的全部工作。它是确保量值传递准确有效进行的带有一定强制性的法制手段。包括检测计量性能、出具证书和加标记。检定必须按照国家计量检定系统表进行,必须执行计量检定规程。检定具有法制性。检定工作是由具有计量技术管理机构认可的具备检定资质的单位、具有检定员证的人员,在具备检定规程的条件下检定,出具检定证书或检定结果通知书。

(28)强制检定:指由县级以上人民政府计量行政部门所属或者授权的计量检定机构,对用于贸易、安全防护、医疗卫生、环境监测方面,并列入《中华人民共和国强制检定计量器具目录》的计量器具实行定点定期检定。

(29)校准:在规定条件下为确定测量仪器、量具、标准物质或系统所指示所代表的量值与对应的由标准所复现的量值之间关系而进行的操作。校准的依据是国家发布的校准规范,没有校准规范的可参照相应的检定规程,二者均无的情况下,可自编校准方法解决。自编校准方法也应纳入本单位标准化管理程序,经审批后才能投入使用。校准或标定是在校准规范规定的条件下,由具备该项目资质的检定人员来完成的。

(30)科学计量:指基础性、探索性、先行性的计量科学研究,通常用最新的科技成果来精确地定义与实现计量单位,并为最新的科技发展提供可靠的测量基础。科学计量本身属于精确科学,通常是国家计量研究机构的主要任务,包括计量单位与单位制的研究,计量基、标准的研制,物理常量与精密测量技术的研究,量值溯源与量值传递系统的研究,量值比对方法与测量不确定度的研究等。

(31)工程计量:指各种工程、工业、企业中的使用计量,又称工业计量。工程计量涉及面甚广,随着产品技术含量提高和复杂性的增大,为保证经济贸易全球化所必需的一致性和互换性,它已成为生产过程控制不可缺少的环节。工程计量测试能力,实际上是一个国家工业竞争力的重要组成部分,在以高科技为基础的经济构架中显得尤为重要。

(32)法制计量:与法定计量机构工作有关的计量,涉及对计量单位、测量仪器、测量方法及测量实验室的法定要求。法制计量由政府或授权机构根据法制、技术和行政的需要进行强制管理,其目的是用法规或合同方式来规定,并保证与贸易结算、安全防护、医疗卫生、环境监测、资源控制、社会管理等有关的测量工作的公证性和可靠性。法制计量的特征除了政府起主导作用,即由政府或代表政府的机构管理外,还有一个明显的特征:直接传递到公众一端,即直接与公众的利益有关。

(33)准确性:指测量结果与被测量真值的一致程度。所谓量值的准确性,即是在一点的测量不确定度、误差极限或允许误差范围内的准确性。

(34)一致性:指在统一计量单位的基础上,无论在何时何地采用何种方法、使用何种测量仪器,以及由何人测量,只要符合有关的要求,其测量结果就应在给定的区间内一致。即,测量结果应该是可重复、可再现、可比较的。

（35）溯源性：指任何一个测量结果或测量标准的值，都能通过一条具有规定不确定的连续比较链，与计量基准联系起来。这种特性使所有的同种量值，都可以按这条比较链通过校准向测量的源头追溯，也就是到同一个计量基准，从而使其准确性和一致性得到技术保证。

（36）法制性：来自于计量的社会性，因为量值的准确可靠不仅依赖于科学技术手段，还要有相应的法律、法规和行政管理。特别是对国计民生有明显影响，涉及公众利益和可持续发展或需要特殊信任的领域，必须由政府起主导作用建立起法制保障。

第二章 计量体系

国家计量法治体系，是保证计量事业稳定发展的前提和基础。国家计量管理体系由计量管理部门与技术机构、计量人员、计量器具和计量标准共同组成。量值传递和量值溯源是最主要的计量技术工作。计量检定（校准）是统一量值、确保计量器具准确一致的重要手段，是为国家发展提供计量保证的重要条件，是实行全国计量监督的重要措施。

一、计量法治体系

1. 国家计量法律、法规体系

我国在建立和发展社会主义市场经济过程中，按照“依法治国”的方针，已制定了800多部法律，上万个法规和规章，基本上形成了一个能规范市场经济有效运作的法律体系。计量是经济建设中一项重要基础工作，包括的内容相当广泛，涉及工农业生产、国防建设、科学实验、国内外贸易以及人民的生活、健康、安全等各个方面。建立和完善计量法治体系，是保证计量事业稳定发展的前提和基础。

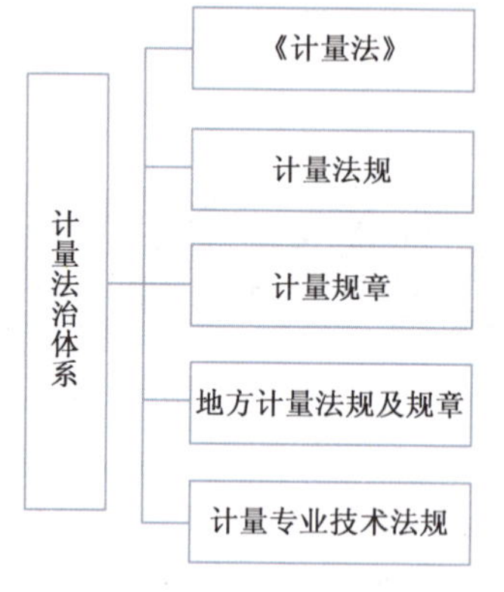

图2-1　中国计量法规层次体系

计量法律法规是依法计量的根本依据，我国计量法治体系可以分为五个层次：《中华人民共和国计量法》（简称《计量法》）、计量法规、计量规章、地方计量法规及规章以及计量专业技术法规（图2-1）。依法计量是指计量必须严格依照国家及交通行业的法律、法规开展各项工作，并且依法实施监督管理。其中，《计量法》在计量法治体系中处于核心地位。

除《计量法》以外，我国逐步建立了较为完整的计量法规体系，形成了由1件法律、8件行政法规、20件部门规章以及47件地方性法规或政府规章构成的计量法规（图2-2）；还依法制定了94件国家计量检定系统表、866件计量器具检定规程、271件国家计量技术规范、1193件部门计量检定规程和计量技术规范以及648件地方计量检定规程等计量专业技术法规（图2-3）。这些计量行政法规和计量技术法规的发布实施，为在我国依法规范计量活动、强化计量监督提供了法律保证。

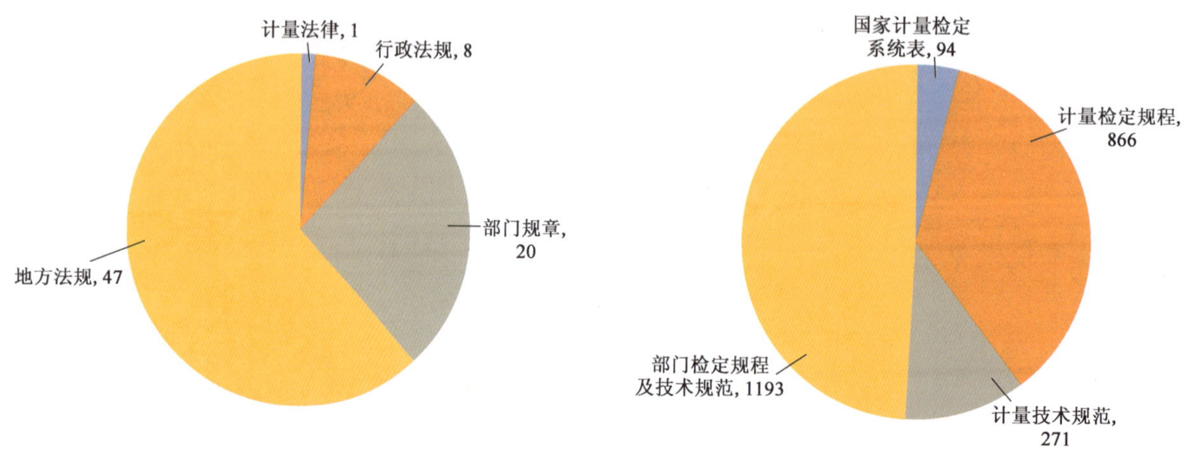

图2-2　我国计量法规的组成

图2-3　我国计量专业技术法规的组成

2. 公路水运计量专业技术法规

公路水运计量方兴未艾。从业人员始终坚持贯彻依法计量，着力营造良好的法治氛围，进一步增强从业人员依法计量、依法管理及依法决策的能力，使得公路水运计量工作朝着规范化、法治化、科学化的方向稳步发展。

公路水运行业实施依法计量的主要依据是行业或部门专业技术法规，包括部门最高计量标准、检定规程等。截至2015年底，公路水运行业已经发布了123件部门或行业计量检定规程。其中，公路行业计量检定规程及行业标准 79 件，待编规程及标准 115 项；水运工程检测设备交通行业标准及计量检定规程 44 项，待编水运领域交通行业标准 38 项，待编的检定规程约有 100 项（图 2-4）。

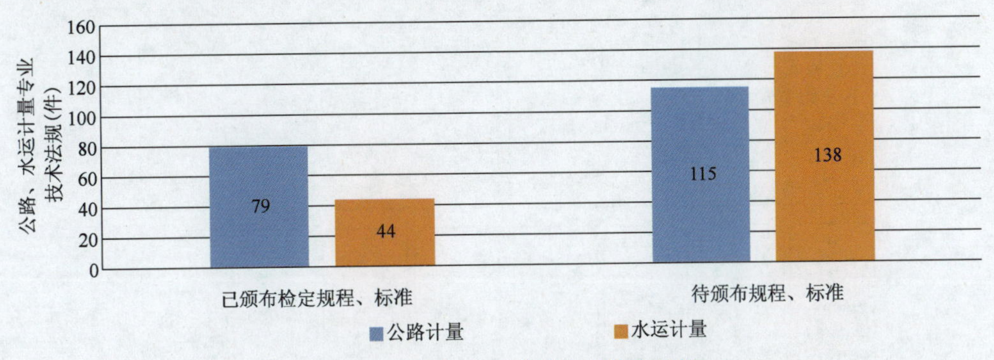

图 2-4　公路、水运计量专业技术法规

除计量检定规程和计量技术规范外，公路水运行业计量管理遵照的相关管理办法及规章制度包括：《法定计量检定机构监督管理办法》《法定计量检定机构考核规范》《国家专业计量站管理办法》《国家计量检定系统表》《计量标准考核办法》《计量器具新产品管理办法》《计量检定印、证管理办法》《计量检定人员管理办法》《专业计量站管理办法》《公路水运工程试验检测管理办法》《注册计量师注册管理暂行规定》《公路水运工程试验检测机构等级评定程序》《公路水运工程试验检测机构等级标准》《公路工程试验检测仪器设备检定校准指导手册》以及《中华人民共和国公路法》《中华人民共和国港口法》《中华人民共和国航道法》等。交通运输部制定颁布行业计量管理办法如图 2-5 所示。

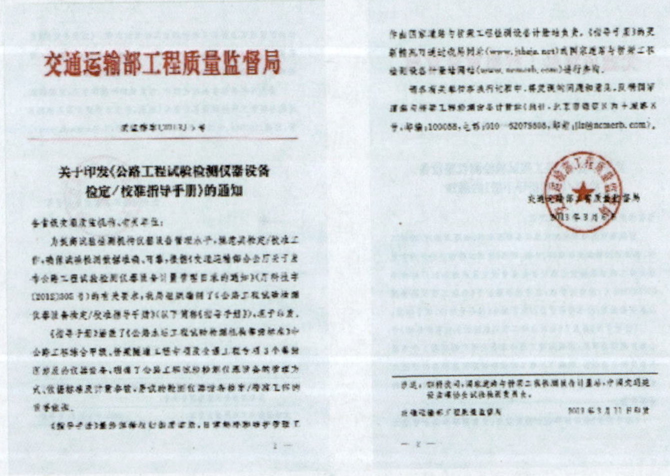

交通运输部工程质量监督局

关于印发《公路工程试验检测仪器设备检定/校准指导手册》的通知

图 2-5　交通运输部制定颁布行业计量管理办法

二、计量管理体系

国家计量管理体系包括计量行政管理部门与机构、计量人员、计量器具和计量标准，公路水运计量管理体系隶属于国家计量管理体系（图 2-6）。

1. 计量管理部门及技术机构

中央和地方政府计量行政部门主要包括国家质量监督检验检疫总局及各省市自治区技术监督局，国家质量监督检验检疫总局是国务院主管全国质量、计量、出入境商品检验、出入境卫生检疫、出入境动植物检疫、进出口食品安全和认证认可、标准化等工作，并行使行政执法职能的直属机构。中央和地方政府行业主管部门是指国务院各部委主管计量的部门以及各省市自治区直辖市行业政府机构主管计量部门。国家和地方法定计量机构总计有 2100 家之多，包括中国计量科学研究院、国家大区计量测试中心、国家级计量站以及各省市自治区计量研究院等。

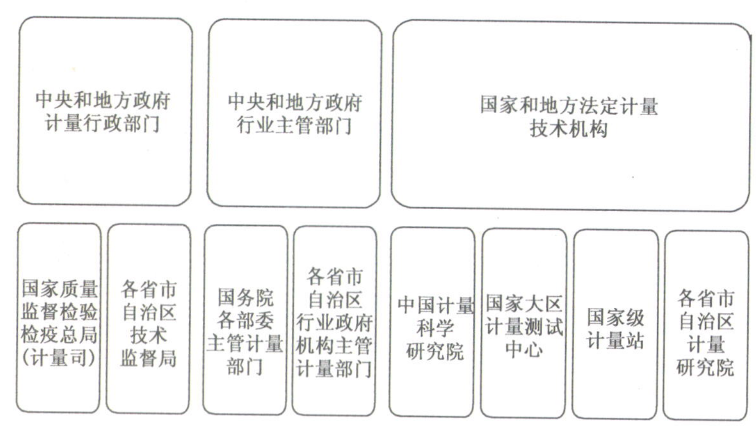

图 2-6 我国计量管理体系

目前，我国拥有 53 个国家专业计量站，其中属于公路水运行业的国家专业计量站包括：国家道路与桥梁工程检测设备计量站、国家水运工程检测设备计量站以及国家船舶舱容积计量站。

2. 计量技术组织

全国计量技术组织是法定计量技术机构的重要组成部分。目前我国主要的计量技术组织有：①全国法制计量管理计量技术委员会；②全国几何量长度计量技术委员会；③全国几何量工程参量计量技术委员会；④全国无线电计量技术委员会；⑤全国振动冲击转速计量技术委员会；⑥全国力值硬度计量技术委员会；⑦全国流量容量计量技术委员会；⑧全国质量密度计量技术委员会；⑨全国衡器计量技术委员会；⑩全国压力计量技术委员会；⑪全国温度计量技术委员会；⑫全国声学计量技术委员会；⑬全国光学计量技术委员会；⑭全国电离辐射计量技术委员会；⑮全国环境化学计量技术委员会；⑯全国物理化学计量技术委员会；⑰全国电磁计量技术委员会；⑱全国时间频率计量技术委员会；⑲全国临床医学计量技术委员会；⑳全国生物计量技术委员会；㉑全国铁道专用计量器具计量技术委员会；㉒全国海洋专用计量器具计量技术委员会；㉓全国公路专用计量器具计量技术委员会等。其中“全国公路专用计量器具计量技术委员会”是我国公路行业的第一个专业的计量技术组织。

3. 计量人员

计量人员包括计量研究人员、持证检定人员、计量监督人员以及计量专家。计量研究人员是指从事计量标准建设和检定规程编制等工作的人员，计量是一个综合性的交叉学科，因此计量研究人员应当具备多样性的学术背景。持证检定人员是指通过相关部门培训考核从事检定校准相关工作的人员，计量检定人员是计量工作的主体，在计量检定中发挥着重要的作用。长期以来，我国一直实行注册计量师和计量检定员两种制度并行，但是两种制度的衔接存在一定的问题。因此，国家质检总局于 2016 年 9 月 1 日起取消计量检定员资格。计量监督人员是被授权进行计量监督工作的人员。计量监督管理是世界各国法治计量工作的重要内容，也是我国当前计量工作的重要内容。计量法律、法规、技术规范以及各种规章制度是依法开展计量监督管理的依据。计量专家是参加计量技术组织活动的技术专家，对于计量学科建设以及计量人才的培养发挥了至关重要的作用。

4. 计量器具

计量器具是指能单独地或连同辅助设备一起进行测量的器具（JJF 1001—2011），具体是指能用以直接或间接测出被测对象量值的装置、仪器仪表、量具和用于统一量值的标准物质，包括建立计量基准、计量标准、工作计量器具。

(1)计量基准器具

计量基准器具简称计量基准,是在特定领域内复现和保存计量单位量值,并具有最高计量学特征,经国家鉴定、批准作为统一全国量值最高依据的测量标准。目前,已建立 10 大类 80 个计量参数的 190 余种计量基准。计量基准必须具备以下条件:经国家鉴定合格;有正常工作的环境条件;考核合格的保存、维护、使用人员;完善的管理制度。

(2)计量标准器具

计量标准器具简称计量标准,是指准确度低于计量基准,用于检定或校准其他计量标准或工作计量器具的计量器具。我国的计量标准按照其法律地位、使用和管辖范围不同,分为社会公用计量标准、部门计量标准以及企事业单位计量标准三类。《计量法》规定:凡建立社会公用计量标准、部门和企事业单位最高计量标准,必须经过依法考核后才有资格开展量值传递。计量标准考核程序如图 2-7 所示。

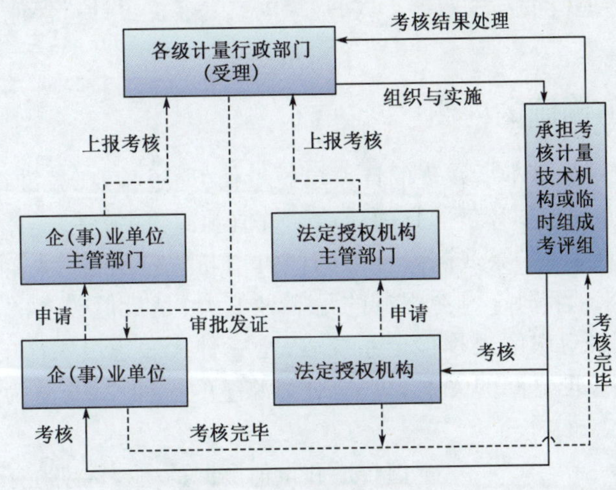

图 2-7 计量标准考核程序

(3)标准物质

标准物质是具有一种或多种足够均匀和很好地确定了的特性,用以校准测量装置、评价测量方法或给材料赋值的一种材料或物质,标准物质在量值传递和保证测量统一方面起着重要作用。按其特性量值的定值准确度的高低分为一级标准物质和二级标准物质。目前,标准物质的应用和研制不断向新的领域扩展:纳米材料、基因测试、法医鉴定、超痕量分析、环境、食品生活质量等标准物质管理国家实行制造许可证制度。

(4)工作计量器具

准确度等级低于计量标准的普通计量器具,处于量值溯源链的终端。一般情况下,工作计量器具的准确度等级比计量标准低,但高精度工作计量器具的准确度往往比低等级的计量标准高,因此不能认为准确度高的计量器具就是计量标准。

计量器具的 ABC 分类管理

按照重点管理少数计量器具、非重点管理多数计量器具的原则(帕累托的"二八原理"),对计量器具施行 ABC 分类管理。

A 类:强检、关键重要测量控制点(大宗原辅材料进出、能源等贸易结算)、关键工艺、质量控制点、安全环保监控点、灵敏度高、准确度等级高、价值昂贵稳定性差、计量标准(含标准物质)等。A 类管理必须严格执行周期检定,动态调整确认间隔,必要时采取期间核查、实验室比对等。

B 类:有量值要求,用于生产过程工艺控制、成本核算、非强检重要性仅次于 A 类的各类测量设备。B 类管理应该按规定的周期检定/校准计划实施溯源,动态调整确认间隔。

C 类:对测量准确度及量值无严格要求一般测量设备开展 C 类管理,要求首次检/校,限期使用,到期轮换,损坏更换;一次性使用(低值易耗)。

三、计量技术体系

量值传递和量值溯源是最主要的计量技术工作。计量检定(校准)是统一量值、确保计量器具准确一致的重要措施,是量值传递(溯源)的重要形式,是为国家发展提供计量保证的重要条件,是实行全国计量监督的重要手段。

1. 量值传递与量值溯源的内涵

量值传递是指将国家计量基准所复现的计量单位量值,通过检定、校准或其他方式,传递给下一等级计量标准,并依次传递到工作计量器具的活动。量值溯源(溯源性)是指通过一条具有规定不确定度的不间断的比较链,使测量结果或测量标准的值可以与规定的参考标准(通常是国家计量标准或国际计量标准)联系起来的特性。溯源强调的是一种能力,是量值传递的逆过程。量值溯源必须按照溯源等级图进行。溯源等级图也称检定系统表,是一种代表等级顺序的框图,用以表明计量器具的计量特性与给定量的基准之间的关系。它是对溯源链的一种说明,分为国家溯源等级图和国际溯源等级图。

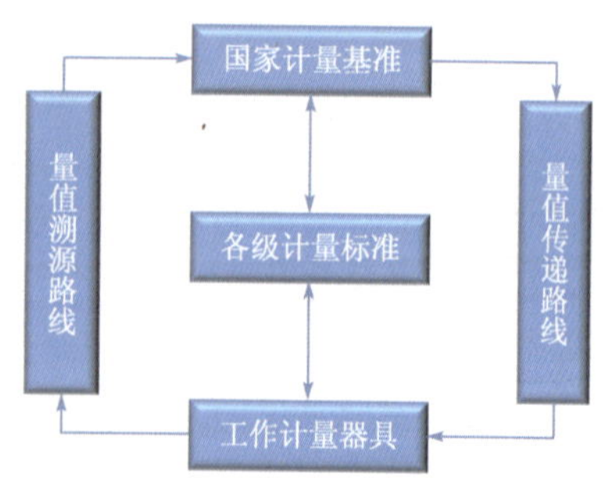

图 2-8 量值传递和量值溯源比较示意图

量值传递和量值溯源的主要区别在于:

(1)量值传递是强调从国家建立的计量标准或最高计量标准向下传递;量值溯源是强调从下至上寻求更高的计量标准,追溯求源直至国家或国际基准,是量值传递的逆过程。

(2)量值传递体现强制性,量值溯源体现自发性;量值传递有严格的等级,层次较多,容易造成准确度损失;量值溯源不按严格的等级,中间环节少;根据用户自身的需要,可以逐级溯源,也可以越级溯源,因而不受等级的限制。量值传递和量值溯源比较示意如图 2-8 所示。

2. 量值传递与量值溯源的主要方式

量值传递与量值溯源的主要方式包括:采用实物标准逐级传递、发放标准物质(CRM)、发布标准数据、发播标准信号以及计量保证方案(Measurernent Assurance Programs,简称 MAP)。

(1)用实物计量标准进行检定或校准

目前,我国主要是用实物计量标准进行检定或校准,是一种传统量值溯源或传递的基本方式,即送检和上门检定或校准。这种按照检定系统表用实物计量标准进行检定或校准的方式规定具体、易于操作、简单易行,尽管还存在某些弊端,但仍然是我国目前最主要的、应用最广泛的量值溯源方式。

(2)用标准物质(CRM)进行传递与溯源

标准物质必须由国家计量部门或由它授权的单位进行制造,并附有合格证书的才有效。这种有效的标准物质称为“有证标准物质”(CRM)。使用 CRM 进行传递,具有很多优点,例如可免去送检仪器,可以快速评定并可在现场使用等。这种方式目前主要用于化学计量的领域。

(3)发播标准信号

通过发播标准信号进行量值传递是最简便、迅速和准确的方式,但目前只限于时间频率计量。我国通过无线电台,发播标准时间频率信号,如1985年中央电视台利用彩色电视副载波定时发播标准频率信号,用户可直接接收并可在现场直接校正时间频率计量器具。

(4)量值比对

从狭义上说,所谓比对是指在规定条件下,对相同准确度等级的同类计量基准、计量标准或工作计量器具的量值进行的相互比较。从广义上说,相互比对是指由两个或多个实验室,按照规定的条件,对相同或相似的物品或材料在实验室之间所进行的组分、性能和评价的测试相互比较。因此,广义的比对实际上已经突破了仅限于相同准确度等级的计量器具之间相互比较的限定。比对不仅可在缺少更高准确度计量基准时,通过比对来统一量值,是使测量结果趋向一致的重要手段,我们也可以通过比对评定每一个实验室的测量器具的值相对于比对参考值(或认可值、或定义位)之间的一致程度。

(5)计量保证方案(MAP)

计量保证方案(MAP)是美国的计量专家创造并为国际标准化组织(ISO)接受和推荐的先进计量质量控制方法。计量保证方案是建立在测量不确定度的理论基础上,是对传统的量值溯源方案的突破。计量保证方案是比较理想的测量过程控制方法,适用于计量基准、标准、计量器具的量值是否受控,它特别适用于一些不宜搬运、很难送校及工程测试、安全生产领域至关重要的参数计量标准的量值的控制。MAP方法是采用核查标准和传递标准全面考核计量室的检定测试系统,利用数理统计方法对那些参加MAP的计量室的检定质量进行控制,并通过分析评定检定过程的总不确定度,及时发现问题,反馈信息,使传递误差尽量减小并确保量值传递的质量。

3. 计量检定与校准

检定是由计量检定人员利用测量标准,按照计量检定规程要求,包括外观检查在内,对首次检定、后续检定和使用中检验的计量器具进行一系列的具体活动,以确定计量器具的准确度、重复性、稳定度、灵敏度等是否符合规定。计量检定是具有中国特色的法制性工作。计量检定机构只有在其建立的计量标准经考核合格,并由有关部门审批或授权后才能开展计量标准范围内的检定项目。计量检定的内涵如图2-9所示。

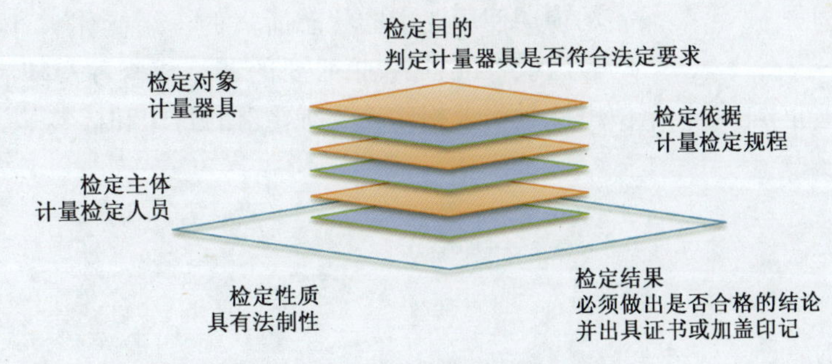

图2-9 计量检定的内涵

计量检定按照管理性质的不同可以分为强制检定与非强制检定两类。强制检定是指由县级以上人民政府计量行政部门指定的法定计量检定机构或授权的计量检定机构,对强制检定的计量器具实行的定点定周期检定。强制检定的计量器具的范围包括社会公用计量标准器具,部门、企事业单位使用的最高计量标准器具,用于贸易结算、安全防护、医疗卫生、环境监测方面的工作计量器具。目前,列入《中华人民共和国强制检定的工作计量器具目录》的工作计量器具有61项117种。非强制检定的计量器具由企业事业单位自主依法管理,其检定方式和检定周期由企业根据实际情况自行确定,以确保其量值准确可靠。

按检定的时间次序可分为首次检定和非首次检定(图2-10)。多数计量器具首次检定后还应进行后续检定,部分只作首次强制检定、失准报废及首次强制检定、限期使用、到期更换等要求。另外,按照检定的数量范围可以分为全量检定以及抽样检定;按照管理环节可以分为出厂、进口、验收、周期、修后及仲裁检定等类别。

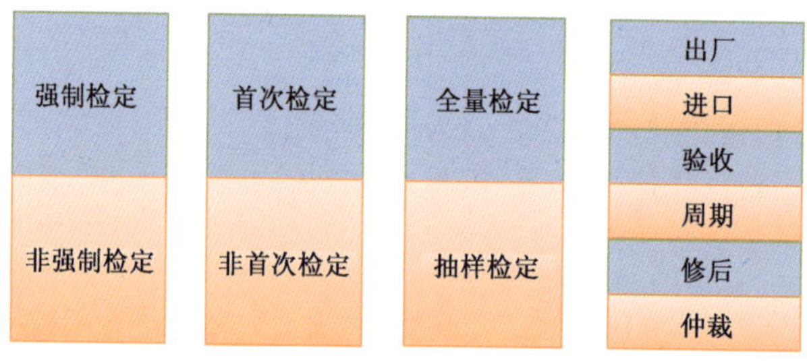

图 2-10　计量检定的分类

计量校准是指在规定条件下,为确定测量仪器或测量系统所指示的量值,或实物量具或参考物质所代表的量值,与对应的由标准所复现的量值之间关系的一组操作。计量校准是对法治领域之外的计量器具进行量值溯源的一种重要途径和方法。与检定相比,校准具有以下特点:①校准不具有法制性,用户可自由溯源,检定具有法制性;②校准主要确定测量仪器的示值误差,检定则是对其计量特性及技术要求符合性的全面评定;③校准的依据是校准规范、校准方法、技术文件等,检定的依据是检定规程;④校准通常不判断测量仪器合格与否,检定必须作出是否合格的结论;⑤校准结果出具校准证书或校准报告,检定结果合格的发检定证书,不合格的发结果通知书。

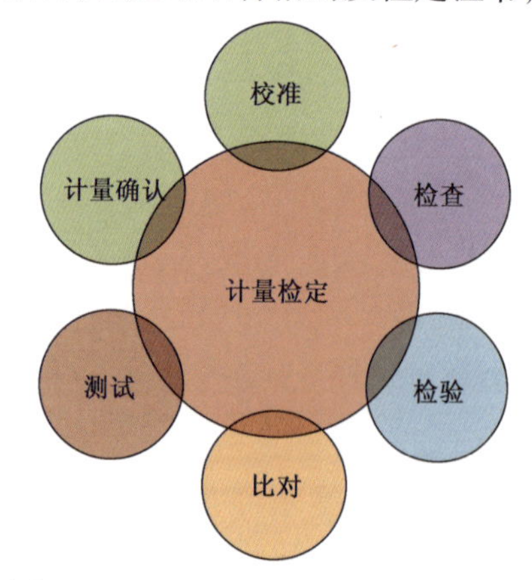

图 2-11　计量检定校准及相关技术工作

除了检定与校准以外,与之相关的计量工作还包括检查、检验、比对、测试及计量确认等(图 2-11)。检查是为确定计量器具是否符合该器具有关法定要求所进行的操作。检验是查明计量器具的检定标记或检定证书是否有效、保护标记是否损坏、检定后计量器具是否遭到明显改动,以及其误差是否超过使用中最大允许误差所进行的一种检查。比对是在规定条件下,对相同准确度等级或指定不确定度范围内的同种测量仪器复现的量值之间比较的过程。测试是指具有试验性质的测量。计量确认是指为确保测量设备处于满足预期使用要求的状态所需的一组操作。计量确认既包括传统的检定或校准,还包括必要的调整或修理及随后的再校准,与预期使用计量要求相比较及所要求的封印和标签。

第三章　交通运输计量概况

交通运输计量涵盖了公路、水运、铁路、航空、邮政计量等方面。交通运输计量工作自《计量法》发布至今已经历三十年的建设和发展，取得了一定的成绩和进步。公路水运计量面对新的发展形势，必须首先梳理自身发展过程中存在的问题，提升发展的空间。

一、交通运输计量的组成

交通运输管理部门的改革经历了最早的“四大部时代”(交通部、邮电部、民航局、铁道部)到“交通部 + 铁道部”,再到大部制改革后的交通运输部的发展历程(图 3-1)。目前,交通运输部管理职能涵盖公路、民航、水运、铁路以及邮政,是一个综合性的行政主管部门。因此,交通运输计量涵盖了公路水运计量、铁路计量以及航空、邮政计量等方面。

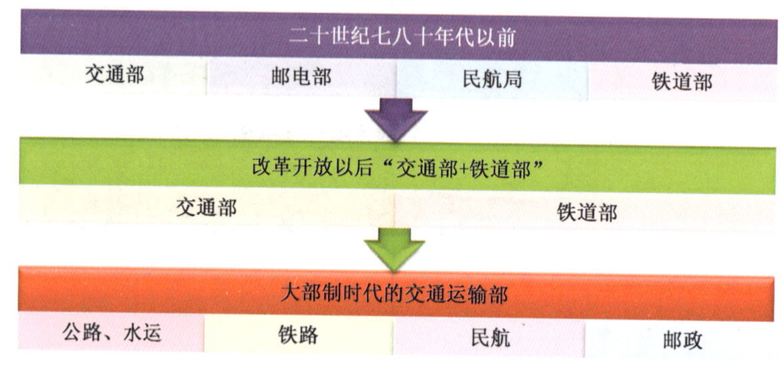

图 3-1 国家交通运输管理体系的变化

交通运输计量工作通过宣传、贯彻、实施计量法及有关法律、法规,取得了一定的成绩和长足的进步。在行业计量规章及规划方面,1993 年原交通部体改法规司发布《交通部专业计量检定站管理办法(试行)》(交体发〔1993〕49 号文件),1996 年发布《交通专用计量器具管理目录(第一批)》,并制定《“九五”期间交通计量工作规划》,2013 年启动《交通运输计量发展规划》的研究与编制工作。在行业计量组织及法定计量检定机构方面,2000 年成立交通计量专业技术委员会,筹建 4 个国家级计量站,其中国家汽车检测设备计量站由于种种原因未获得正式授权(表 3-1)。此外,交通部在北京、上海、天津、山东、江苏、福建等省市批准建立了 22 家检定站。交通运输部对计量检定人员的管理,尤其是计量检定人员的考核及培训,一直以来都高度重视。截至 2015 年底,对交通行业的计量检定人员开展多批次培训考核发证及复核换证工作,共发证 722 人次。其中,公路工程检测仪器计量检定员培训班办了 9 期,发证 448 人次;汽车检测设备计量检定员培训班办了 8 期,发证 266 人次;水运工程检测仪器计量检定员培训班办了 1 期,发证 8 人次。培训和考核的开展,有力地推动了交通运输行业计量人员队伍的建设,确保了行业计量人员的业务素质。

表 3-1 交通行业计量组织及法定计量检定机构

序号	机　　构	概　　况
1	交通计量专业技术委员会	2000 年,为落实国家计量工作座谈会精神,交通部成立了“交通计量专业技术委员会”,设公路工程、汽车检测设备、港口和水运四个专业计量学组。计量专业技术委员会自成立以来,在部科教司的指导下,起到了行业计量管理部门助手和行业计量检定机构与行业计量管理部门的桥梁、纽带的作用。但在 2006 年以后,委员会的工作和各项活动基本停滞
2	国家船舶舱容积计量站	1985 年,交通部船舶燃油舱计量检定站在交通部科学研究院成立,1993 年经国家质检总局授权升级为国家船舶舱容积计量站,主要承担国内外液货船舶舱容积计量检定/校准,并进行油品计量员培训
3	国家汽车检测设备计量站	1993 年,交通部向国家技术监督局申请筹建国家汽车检测设备计量站,1994 年国家技术监督局正式来函同意交通部筹建“国家汽车检测设备计量站”。后来由于种种原因,一直未能正式授权

续上表

序号	机　构	概　况
4	国家水运工程检测设备计量站	2003 年,交通部批准交通部天津水运工程科学研究所成立"交通水运工程检测仪器计量检定中心",并于 2004 年底获得总局的专项授权。2014 年 5 月得到总局筹建"国家水运工程检测设备计量站"的批复,并于 2015 年正式获得法定计量机构的授权
5	国家道路与桥梁工程检测设备计量站	2008 年,国家质量监督检验检疫总局批准在交通运输部筹建"国家道路与桥梁工程检测设备计量站",该站设在交通运输部公路科学研究院。2010 年底通过国家法定机构考核。2011 年初国家质检总局同意机构正式成立并颁发了相关授权证书

铁路计量伴随着我国铁路事业逐步发展起来,目前设立的主要机构有铁道标准计量研究所(从属于铁道科学研究院)、国家轨道衡计量站(含 17 个分站)、国家铁路罐车容积计量站(含 8 个分站);发布的主要管理办法有《铁道部计量管理办法》(1987)、《铁路计量管理办法》(2000)、《铁路专用计量器具管理目录》(2006、2015)等;先后成立了铁路计量技术委员会、铁路专用计量器具计量技术委员会。由于铁路系统长期处于独立运行状态,因此铁路计量的发展相对于交通计量较为独立。铁路计量管理如图 3-2 所示。

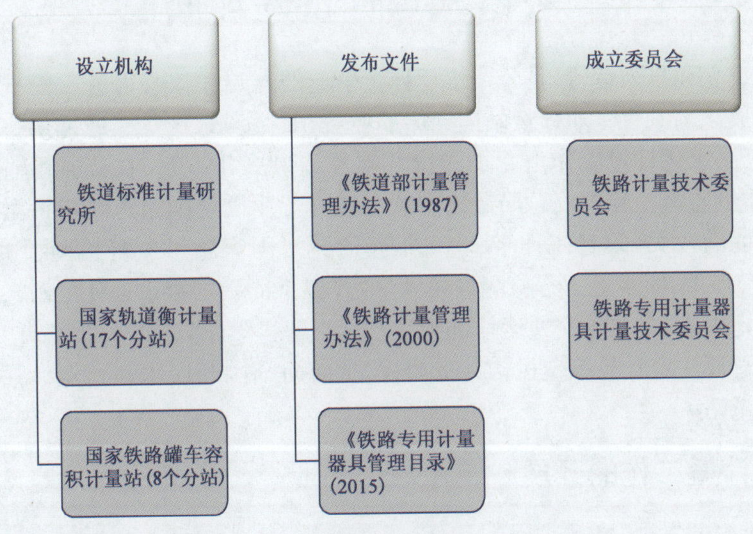

图 3-2　铁路计量管理

民航计量工作起步较晚。民航作为一个装备现代化、技术密集的智能型行业,其计量工作是保证飞机维修、机场设施和空中交通管制系统正常工作的重要因素之一,具有特殊的专业性,关系到飞行安全、正点运营、优质服务。自 1986 年以来,计量工作在民航内得到了重视和发展,各大航空公司、机场相继建立了自己的计量机构,引进了大量先进的专用计量器具,为飞机维修、机场设施提供了可靠的安全保证。可以说民航专业计量技术工作是在较高的起点上起步的。计量法规和计量技术法规的制定,是一项非常重要的基础性工作,事关整个技术管理工作及民航计量技术工作的标准化、程序化、规范化。自 1992 年以来,首先开始了制定本行业计量检定规程和计量技术规范的工作,1996 年发布《中国民用航空计量管理规定》。中国民航计量检测委员会成立大会如图 3-3 所示。

目前,民航局设立一、二、三级计量技术机构,一级计量技术机构为中国民航计量检测中心。中心的主要任务包括:①贯彻执行计量法律、法规、方针、政策和有关规定;②组织制定民航计量管理法规,编制、审核民航专用计量器具检定规程;③完善民航专用计量器具量值传递系统,组织民航专用计量器具的量值传递;④建立民航专用计量标准器,并对专用计量器具进行检定;⑤对民航专用计量器具进行维修;⑥研究计量测试理论、方法、技术及其应用,解决检定、维修中的技术问题;⑦协调各航空公司计量中心专用计量标准器的建立,防止重复建标造成浪费,并组织其认证、管理工作;⑧审核与认可各航空公司计量中心对专用计量器具的检定工作;⑨参与引进飞机、设施中计量器具的技术鉴定和验收工作;⑩参与科研项目、技术改造及改扩建工程中有关计量器具配备审核。

图 3-3　中国民航计量检测委员会成立大会

二、公路水运计量发展概况

国家计量站的成立和投入运营,是公路水运计量事业的开端和核心力量。1993 年由国家质检总局授权和交通部批准成立国家级专业计量站国家船舶舱容积计量站,这是交通部第一个公路水运领域的国家专业计量站,公路水运计量工作由此正式拉开帷幕。2008 年 5 月,在交通运输部科技司的长期关心和支持下,国家质量监督检验检疫总局最终同意在交通行业设立国家道路与桥梁工程检测设备计量站。经过近三年时间的攻关,筹建工作于 2010 年底通过了国家质量监督检验检疫总局专家的考核,2011 年 1 月获得授权。国家水运工程检测设备计量站(以下简称国家水运计量站),前身为交通水运工程检测仪器计量检定中心,隶属于交通运输部天津水运工程科学研究院,于 2015 年 3 月 16 日获得国家质量监督检验检疫总局法定计量检定机构计量授权,是面向全国开展水运行业计量检定/校准/测试服务的国家级专业计量站。

1. 公路水运计量工作的开展

(1)计量技术机构的发展

由于缺乏宏观统一的交通运输行业计量管理政策,公路、水运等专业计量在管理和运行上,具有“各专业计量机构运行发展情况不相同”“各地区运行情况有差异”的特点,主要表现在各专业在计量工作的性质和内容上存在差异,这导致在专业计量技术机构的发展过程中,政策支持、市场竞争环境等方面都存在差异。

在公路计量的起步阶段,全国有十余个省市开展了公路工程仪器设备计量工作,但取得政府计量管理部门授权的却只有北京、湖北、江苏等少数几个省市,开展的业务范围相比行业需求缺口非常大,这与公路计量工作开展较晚有关。在交通运输部科技司的大力支持下,交通运输部公路科学研究院国家道路与桥梁工程检测设备计量站目前已经建立了 11 项行业最高计量标准,可开展相应的检定、校准业务。在水运计量方面,工作初期就受到国家和地方质检系统政策的约束,使得水运工程检测仪器的计量工作几乎全部由社会公用计量单位承担。后来成立了国家水运工程检测设备计量站,水运计量逐渐步入正轨,目前该站拥有 8 项计量标准。1993 年由国家质检总局授权和交通部批准成立的国家船舶舱容积计量站也是国家级专业计量站。舱容站在业务上受国家质检总局的领导,在行政上受交通运输部和交通运输部科学研究院领导,独立对外开展计量检定、校准工作。

总体来看,各省市从事计量工作的技术机构在起步阶段呈现以下三方面特点:

一是取得法定计量检定机构授权的比例不高。由于没有合法地位,开展的检定/校准工作仍属于区域性的技术服务,在统一量值、保证量值可靠性方面的管理职能和在计量工作中的监督职能基本上没有得到发挥。

二是取得授权的计量标准偏少。行业自身没有计量工作的整体规划,投入的研究力量有限,未能对专业特色明显的检测设备开展计量技术研究,完成的专业计量标准有时与社会公用计量标准相仿,难以获得技术监督部门的授权,所开展的检定/校准业务十分有限,而行业内大型专用测试系统的量值溯源需求仍无法实现,与行业本身对专业计量工作的需求相去甚远。

三是市场生存能力较弱。从事行业计量的技术机构均为公益性机构,若没有稳定的财力来源和一定的行业引导,难以维持生存。从调研情况看,这些机构基本没有独立运转,运行经费多依赖于单位其他业务收入的补充。

(2)计量仪器设备管理情况

公路水运行业在道路、港口、运输等工作中所使用的计量设备大部分是专业的检测设备,根据实际工作需求、设备的工作性质和工作原理,这些专业检测设备大多是复合参数、综合量、动态在线测量的设备。对专业检测设备仅凭单一测量输入进行计量溯源不能满足检定、校准工作有效性的要求,并且随检测技术的发展,专业检测设备更新换代较快,设备操作也日益复杂。公路工程专业的工程试验检测参数约1300余项,所涉及试验检测设备300余种,除去如天平、水准仪、游标卡尺、温度计等通用计量器具外,具有明显专业特色的检测设备近200种。然而,已完成的专用设备检定/校准规程却非常有限,缺口还相当大。由于试验检测设备关系工程质量及安全,交通运输部以《公路水运工程试验检测管理办法》形式对试验检测单位的设备溯源工作提出了具体要求。

水运工程方面,分布于港口及内河流域的试验检测、勘察设计单位有上千家,所使用的水运工程检测设备有六大类上百种,专业设备占比接近30%。其检测内容可概括为三大类:材料类、结构类和测绘类。其中,材料类和结构类使用的检测仪器专业特性不明显,社会持有量大,在社会公用计量单位多数已建标;水文类检测仪器具有明显的专业特色,这些设备多为大型、贵重进口仪器设备,在相应文件中却没有强制检定要求,法定计量机构没有专业能力建立计量标准,此类设备长期处于未检使用的状态。

总体来看,交通运输行业在道路、水运等工作中所使用设备的大部分属于专业计量设备,其原理复杂、使用频繁;专业检测设备大多是多参量、复合参数及经验数据表构成的检测设备,并且随施工现场的具体工作面对检测设备又有不同的要求,对该类专业检测设备仅仅根据单一测量输入进行计量溯源不能满足检定、校准的使用要求,难以保证溯源工作的有效性。

(3)量值溯源体系建设情况

随着计量技术在我国的发展与进步,一个完整的计量基本构架已逐渐成熟,架构的一端是由国家建立并与国际保持一致的计量基准群,也就是国家的量值源,另一端则是希望能得到可靠测量结果的各应用领域的工作计量器具,也就是该计量体系的服务对象。从量值基准到应用领域的工作计量器具,由各级计量标准所形成的溯源链或传递链紧密联系,这种联系的具体实现还必须有相应的检定/校准人员和技术规定。而要使整个体系能有效地达到其持续运行功能,还必须有资金和信息系统的支撑。以上所述是计量构架从技术运行角度来看的构成,可以认为基准、标准、服务对象、人员、技术文件、资金、信息是该构架的七个组成要素。而七个组成要素中的基准、标准和工作计量器具(服务对象)则是计量框架的主线,是计量检定工作开展的基本环节。交通运输行业的专业量值溯源应通过建立部门计量标准和部门最高计量标准与国家基准相连。

交通运输部在早期曾经发布过计量器具管理目录,但由于未得到计量行政管理部门的认可,以及没有配套的计量技术机构支撑和缺少相应管理办法,没有得到很好的施行。目前,公路水运行业仍在不断修订完整的计量工作管理制度及专用计量器具管理目录。2009年,交通运输部开展“公路工程试验检测仪器设备检定校准体系及技术”研究,是推进量值溯源体系建设工作的一个良好开端。从量值传递和溯源途径看，部分仪器设备的计量参数可全部通过社会公用计量检定体系完成检定/校准，其余仪器设备的部分或全部计量参数需要专业计量检定体系完成量值溯源工作。公路工程专业的计量检定工作主要包括道路工程、桥隧工程及交通工程三个分支。从调研情况看，由于专业设备输出指标综合度高，社会法定计量检定机构检定依据不统一，检定对象各异，检定结果缺乏有效性。公路工程试验检测仪器设备所涉及的计量参数，只有少部分试验检测仪器可通过社会公用计量体系进行量值溯源。在水运工程专业方面，水运工程材料类和结构类检测仪器大多是按照《公路水运工程试验检测管理办法》要求溯源至社会公用计量标准，测绘类通用测量仪器交测绘局审查，送法定计量机构进行量值溯源。而水文类检测仪器属专用仪器，社会保有量少，在社会公用计量单位未能建标。因此，无法将水文专用仪器溯源至社会公用计量标准，只能由专业计量站完成。

（4）计量从业人员构成和管理情况

通过对多个省市开展计量工作的部门机构进行实地调研和书面调研，统计得到的交通运输行业内7个省市计量检定机构计量检定人员数量和分布情况如图3-4所示。

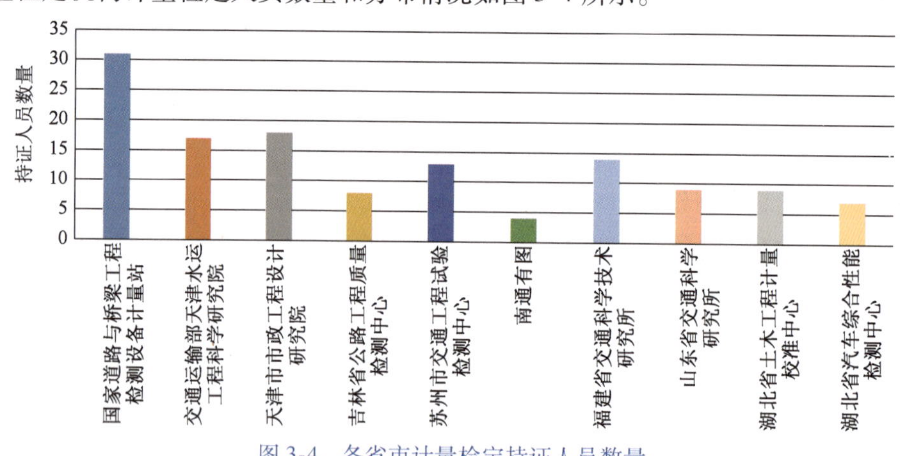

图3-4　各省市计量检定持证人员数量

除图3-4中所示地区，云南、浙江以及黑龙江等省市，由于认证和设备检定等方面缺少授权等问题，行业内计量工作已基本由地方技术监督部门来管理；其余各省市，由于当地行业专业计量检定机构的缺失，没有经行业内培训考核和从事交通运输行业计量检定工作的人员。从人员专业分布上看，水运工程方面的计量检定人员数量与公路和汽车专业相比较少，主要原因是相关专项业务量不饱满、建立的计量标准和检定规程较少，行业内组织的培训开展时间较短，尚未规模化和系统化。

2. 公路水运计量主要问题分析

（1）行业计量机构拓展的困难

由于体制原因，我国的计量管理权力一直由政府计量行政部门把持，其下根据需求建立了大量的法定计量检定机构。由于行业保护等原因，不仅交通行业，其他行业也同样存在着行业计量机构拓展的难题。由于发展受到限制，法定计量检定机构不能有效地检定大量的专业计量器具，造成了市场的无序竞争，导致从事行业计量的技术机构市场生存能力脆弱，影响了行业计量标准、机构的长期稳定发展。一些地方专业站由于没有合法地位，所开展的计量溯源工作仍属于区域性的技术服务范畴，在统一量值、保证量值可靠性方面的管理职能、工作权威性以及在计量工作中的监督职能均不能得到很好的发挥。

行业计量的发展，离不开政策法规的支持，类似行业计量管理办法、计量器具管理办法等制度性文件并没有形成一个有效的保障体系，令行业内开展计量工作受阻。行业计量溯源机构地位不高，一直没有得到在本行业计量工作中应有的重视。各地计量行政部门更是出于业务垄断的考虑，通常采取不予考核计量标准进而不予授权的办法阻挡行业计量工作的开展。

（2）计量检定规程偏少，标准体系有待完善

目前，公路工程和水运工程专业的计量检定规程还存在很大缺口。初步估算，公路工程和水运工程

均需要制定超过 100 项的行业计量检定规程或者校准规范。公路、水运工程现有检定规程数量分别仅占应制定规程总量的 35% 和 25%，总体上数量偏少，这也阻碍了行业计量的发展。已有的行业计量检定规程还存在一些诸如检定/校准方法落后、可操作性不强的问题，不能适应不断变化的自动化检测设备的发展。行业计量检定规程缺口大、水平尚有待提高，说明在资金支持方面尚需要加大力度，保障计量工作的有序、全面开展。

(3)计量人员平均水平偏低，考评体系有待健全

从业人员对计量工作的认识不深，对计量技术的学习提高意识不强，加上计量工作的投入历来不足，使得行业部分仪器设备的计量手段还很落后，操作性不强，可靠性不高。因此，行业计量从业人员的业务水平还有待进一步提高。目前，计量从业人员的考核已经逐渐迈向职业资格制度化，在这个背景下，行业内更应当加强培训和继续教育工作。

现 状 篇

第四章 公路水运计量机构

计量机构，是开展计量工作的主体。目前，主要的公路水运计量机构包括国家计量站、地方计量站以及计量技术委员会等。国家道路与桥梁工程检测设备计量站、国家水运工程检测设备计量站以及国家船舶舱容积计量站是我国公路水运计量的核心力量。公路、水运行业计量技术委员会的成立，将为促进公路计量技术发展提供有力支撑。

一、国家道路与桥梁工程检测设备计量站

2011 年 1 月，经国家质量检验检疫总局授权，国家道路与桥梁工程检测设备计量站正式取得国家法定计量检定机构资质，作为交通运输部公路科学研究院所属的独立运转二级机构，在交通运输部科技司和国家质检总局计量司直接领导下开展工作。国家质检总局和交通运输部领导为计量站揭牌如图 4-1所示。

图 4-1　国家质检总局和交通运输部领导为计量站揭牌

该站目前拥有部门最高计量标准 11 项，依托授权的计量标准，累计为行业 2300 余台(套)专业和大型试验检测设备提供了量值溯源检定和校准服务，行业甲级试验检测机构送检率超过 90%，覆盖全国 21 个省、市和自治区。公路检测仪器设备计量检定如图 4-2 所示。

图 4-2　公路检测仪器设备计量检定

截至 2016 年，该站承担及参与了交通运输部标准、计量及质量研究项目 20 余项，发布行业检定规程 4 项，标准 1 项；获得的科研成果主要有中国公路学会科学技术奖一等奖 1 项，二等奖 3 项，三等奖 1 项；湖北省科技进步二等奖、中国石油化学工业联合会三等奖、广西省政府科学技术奖三等奖各 1 项；获得 1 项发明专利，10 项实用新型专利，2 项软件著作权，在国家主要期刊发表科技论文共计 16 篇，专业论著 2 部；受部委托编制了《交通运输行业专业计量管理目录》《公路工程试验检测仪器设备检定/校准指导手册》，并先后完成了交通运输行业计量发展规划研究、地方计量检定机构建设模式研究、行业计量检定系统表研究、行业计量监督管理政策、部门计量检定规程管理办法等计量质量研究课题，为交通运输部开展行业计量管理提供了技术支撑。

2015 年，该站启用了占地 5000 多平方米的计量实验大楼(图 4-3)和专用计量试验平台道路(图 4-4)；相继购置了一批先进的仪器设备，科技研发能力和计量服务能力得到极大提升。2015 年 11

月，国家质检总局派出专家组，对该站进行资质到期换证复查，并且通过了资质复审。该站建站以来，培养和引进了一批具有管理和检测经验的人员，使得计量研究专业技术队伍不断壮大，截至2015年底，该站各类检定项目持证资格总计82人次，在岗持证国家计量检定员21人，占总人数的86%。

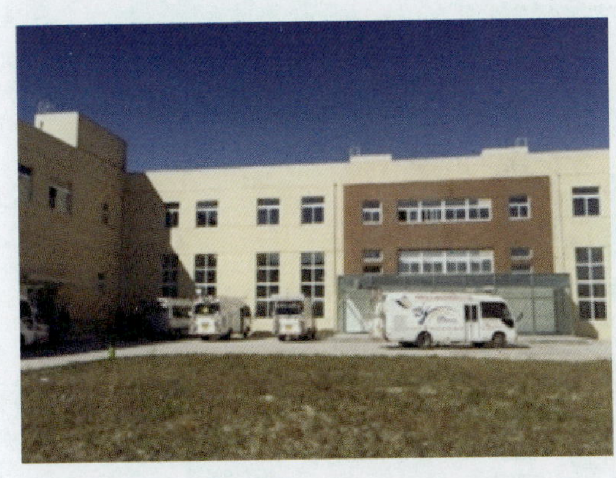

图4-3　公路交通试验场计量大楼

图4-4　计量专用标准试验路

该站建立运行了计量业务综合管理系统，将计量检校工作与信息化网络技术有机结合，实现在线计量委托、检定证书真伪查询、计量标准规程查询、业务进度查看、设备故障诊断、周期检定提醒、计量知识普及、资料及软件工具下载等服务功能。

在技术交流与合作方面，该站持续关注国内外计量领域最新科技创新发展动向。2014年3月，和松站长以"道路检测设备的准确性控制"为题，在国际道路协会（PIARC）"路面检测及材料循环利用技术"国际研讨会上介绍中国交通设备溯源管理模式（图4-5）。2014年10月，公路科学研究院张劲泉院长带领院主要部门领导和计量站主要成员，赴中国计量科学研究院昌平基地调研，听取中国计量科学研究院段宇宁副院长介绍国家计量发展学术动态和国际计量研究发展趋势。2014年11月，结合公路科学研究院承担的《交通运输行业计量发展规划》研究任务，该站组团应邀赴美国国家标准技术研究院（NIST），进行计量标准量值溯源方式和计量管理模式技术交流（图4-6）。此外，该站还承担着"全国公路专用计量器具计量技术委员会"秘书处职责，正在积极开展计量技术交流和国际合作长效机制。

图4-5　PIARC国际研讨会主题演讲

图4-6　NIST技术交流

二、国家水运工程检测设备计量站

国家水运工程检测设备计量站前身为交通水运工程检测仪器计量检定中心，隶属于交通运输部天津水运工程科学研究院，于2015年3月16日获得国家质量监督检验检疫总局法定计量检定机构计量授权（图4-7），是面向全国开展水运行业计量检定/校准/测试服务的国家级专业计量站。业务上受国家质量监督检验检疫总局和交通运输部共同领导，是交通运输行业内承担水运工程专业法定计量工作的国家级计量技术机构，主要开展交通水运行业计量标准建设和计量标准维护以及量值传递工作；同时，负责承担行业计量检定人员培训、计量监督管理等工作。

图 4-7 国家水运计量站成立揭牌

国家水运计量站现有人员 19 人，具有高级以上职称的技术人员 6 名，取得计量检定员资格的 15 人。该站设有质量管理部、量传部、检定部、综合办公室 4 个部门，拥有 3 个计量实验室和 2 座计量试验大厅，总建筑面积达 1000m^2以上，设备总资产达 3000 万元以上，是一个仪器设备先进、人才队伍精良、技术力量雄厚、管理制度健全的国家级水运工程计量技术机构。

国家水运计量站现有国家质检总局授权的交通运输部部门最高计量标准 8 项，可开展材料结构、水文测绘等领域 13 项检测设备的量值传递工作。同时开展交通运输行业计量标准研究和建设工作，不断完善交通运输行业计量标准体系；承担交通运输部科技司委托的标准及检定规程制修订、计量质量及软科学方面的研究项目，促进交通运输行业计量科学的发展。国家水运计量站同时负责全国港口标准化技术委员会水运工程检测仪器标准工作组（以下简称“工作组”）的组织及运行工作，该工作组于 2014 年 8 月得到交通运输部科技司的批复成立，接受全国港口标准化技术委员会领导，依托交通运输部天津水运工程科学研究院国家水运工程检测设备计量站开展工作，是从事交通运输水运工程检测仪器领域的标准制修订、征求意见、审查、培训宣贯等工作的标准化组织。工作组设立组长、副组长、秘书组及专家成员四个组成部分，现有成员 15 名，均来自水运行业内知名企事业单位、科研院所、检测机构、高等院校、认证机构、政府组织以及行业协会等。

三、国家船舶舱容积计量站

国家船舶舱容积计量站是经国家质量监督检验检疫总局授权，承担国内外液货船舶舱容积计量检定/校准的国家法定计量检定机构。舱容站的前身是 1985 年设立的“交通部船舶燃油舱计量检定站”，是我国最早开展船舶液货舱容积计量检定的技术机构。1993 年由国家质检总局授权和交通部批准，舱容站成为国家级专业计量站。舱容站在业务上受国家质检总局的领导，在行政上受交通运输部和交通运输部科学研究院领导，独立对外开展计量检定、校准及计量技术知识的培训工作。

舱容站的主要职责有：①宣传、贯彻国家的计量法律法规；②研究、建立计量基准、社会公用计量标准；③承担授权范围内的量值传递和法律规定的其他检定、校准和测试任务；④研究、起草计量检定规程、计量技术规范；承办有关计量监督中的技术性工作；⑤培训计量技术人员，组织经验交流，参加国内外有关的计量学术活动；⑥负责授权范围内船舶舱容积计量的计量管理并承办有关计量监督工作。

该站不仅建立了两个具有国内装备最强的容量计量实验室（实验室持有国际最先进的容量计量仪器设备和计算机软件系统），而且拥有一支经验丰富、技术力量雄厚的专业技术队伍。建站以来，已检测了400余艘船舶的液舱，检定的液舱容积累计超过200万立方米；不仅承担了我国各大油运集团的大部分液货船的容量检定工作，还为众多外国船东提供了舱容检定服务（包括去国外检测和在国内检测出口船）。被检船舶有原油船、成品油船、液化气船、化学品船等各类液货船。根据检定结果签发的检定证书和舱容表在各国港口的油品贸易交接中得到了认可。

四、公路、水运行业地方计量站

交通行业在运营的省级计量检定机构多为原公路计量地方分站转变而来，包括江苏、湖北、山东和福建等地区。另外，四川、贵州、广东、河北、广西、新疆等省区已开始筹建公路水运工程的地方计量检定站。这些省份交通行业主管部门开始行使交通行业计量管理的职能，主导或支持创建了行业内计量检定机构，加强与计量行政部门的沟通与协调，协助检定机构获得本省计量行政主管部门授予的检定/校准资质。各计量检定机构主要负责建立本省的交通行业计量标准，在授权范围内开展本省行业内专用仪器设备和部分通用仪器的检定/校准工作。各计量检定机构的建成，有效解决了区域的专用仪器设备的量值溯源问题，但这些检定机构的综合能力还处于完善阶段，业务覆盖不足，不能完全满足行业内大部分专用仪器设备的量值溯源需求，地方站的发展尚且任重而道远。

《计量法》及其实施细则、《计量授权管理办法》等法律法规已明确规定，各行业可以根据行业的特殊需要建立专业计量标准，由县级以上的计量行政主管部门授权同级行业部门的专业计量检定机构开展本行业内的计量检定工作。《专业计量站管理办法》也规定：建立专业计量站，应当根据申请承担授权任务的区域，由申请授权任务的主管部门向相应的人民政府计量行政部门提交申请报告，并报送有关技术文件和资料。公路水运工程计量检定机构的建设具有较高要求，作为机构建设的依托单位应具备以下条件：

（1）具有较强的经济实力。由于专业计量检定机构的计量检定/校准业务具有一定的公益性，并且业务繁杂，收费相对较低，对检定依托单位运行管理会带来一定的经济压力。

（2）拥有较丰富的资源。机构建设需较大资源投入，包括一定的场地，专业技术人员，各类标准器具和辅助设备设施的购置，以及运营资金配置。

（3）具有较强的综合专业能力。开展公路水运工程仪器设备的计量检定，对检定人员的技术能力要求较高，除需要通用计量知识外，更需要交通行业的专业知识。

（4）具有较强的服务能力。公路水运试验检测机构多，工地试验室数量大，分布面积广，专用仪器设备的检定/校准大多需要上门服务，检定/校准的工作量非常大，服务意识要求高。

目前，公路水运主要的地方计量机构有如下11家，含已建及在（筹）建机构。

①江苏省交通工程试验专用检测仪器计量检定站；

②湖北土木工程计量校准中心；

③天津市市政公路管理局计量中心站；

④四川省交通工程检测设备计量检定站；

⑤山东省交通科学研究所标准计量室；

⑥贵州省公路水运工程检测设备计量检定站；

⑦广东省公路水运检测设备计量站（筹）；

⑧新疆交通科学研究院公路水运工程检测设备计量站（筹）；

⑨内蒙古自治区交通建设工程检测设备计量检定站（筹）；

⑩浙江省公路水运工程检测设备计量站（筹）；

⑪青海省公路水运工程检测设备计量站（筹）。

现有省级公路专业地方计量检定机构的组织架构情况见表4-1，运行情况见表4-2。

表 4-1 现有省级公路专业地方计量检定机构的组织架构情况

机构名称	职能管理部门	依托单位及性质	授权情况	主要职责
江苏省交通工程试验专用检测仪器计量检定站	江苏省交通运输厅科技处	无锡市交通局(现已更名为无锡市公路管理处)全额拨款事业单位	2002 年,通过江苏省质量技术监督局组织的法定计量检定机构考核; 2009 年,通过江苏省质量技术监督局组织的实验室资质认定评审; 2011 年,通过由中国合格评定国家认可委员会组织的实验室国家认可	(1)建立江苏省交通运输行业计量标准; (2)负责交通运输基本建设专业计量的量值传递/溯源和量值统一; (3)承担全省交通运输基本建设工程中所用检测仪器的检定、校准和检测技术服务
湖北土木工程计量校准中心	湖北省交通运输厅科教处	湖北省交通投资有限公司国有企业	2002 年,通过湖北省质量技术监督局考核,取得公路工程仪器设备计量认证资质; 2010 年,通过湖北省质量技术监督局考核授权,成为依法设置的法定计量检测机构	负责在授权范围内开展湖北省公路工程专用仪器设备的检定/校准工作(主要业务对象是湖北省内的所有重点公路工程工地试验室和一部分公路工程等级试验室)
山东省交通科学研究所标准计量室	山东省交通运输厅科技处	山东省交通科学研究所事业单位	2013 年,通过山东省质量技术监督局授权考核,获得公路工程检测仪器设备计量授权	负责在授权范围内开展山东省部分公路工程等级试验检测机构的公路工程专用仪器设备的检定/校准工作
天津市市政公路管理局计量中心站	天津市市政公路管理局	天津市市政工程研究院全额拨款事业单位	1988 年,通过天津市质量技术监督局组织的法定计量检定机构考核	(1)建立天津市市政公路行业计量标准; (2)负责天津市市政公路专业计量的量值传递/溯源和量值统一; (3)承担天津市市政公路工程中所用检测仪器的检定、校准和检测技术服务
四川省交通工程检测设备计量检定站	四川省交通运输厅科技处	四川省交通运输厅公路规划勘察设计研究院事业单位	2014 年 1 月,取得四川省质量技术监督局法定计量检定机构计量授权	在四川省交通行业范围内承担交通工程检测设备的计量检定/校准工作
贵州省公路水运工程检测设备计量检定站	贵州省质量技术监督局	贵州省质安交通工程监控检测中心有限责任公司民营企业	2016 年 10 月 10 日,法定机构授权:(黔)法计〔2016〕117 号	在贵州省交通行业范围内承担交通工程检测设备的计量检定/校准工作

表 4-2 现有省级公路专业地方计量检定机构的运行情况

机构名称	部室设置	人员	业务范围	计量器具/资产	场地/环境	收费标准	年产值	科研工作
江苏省交通工程试验专用检测仪器计量检定站	长度室、热学室、力学室、电学室和化学室	20 人	交通行业专用检测仪器检定/校准和部分Ⅰ类通用仪器检定/校准。计量授权检定 39 项;CNAS 认可校准资质共有 142 项;检测项目 139 项	计量仪器设备和辅助工具 1200 台(件、套),固定资产 1868 万元	业务、试验和办公用房共 1500m^2,其中有试验室 10 个合计面积近 600m^2	《江苏省计量检定收费标准》和《江苏省计量检定收费规定》	500 万	完成 17 项交通行业计量检定规程、34 项江苏省地方计量检定规程、7 项交通运输行业标准的编制

续上表

机构名称	部室设置	人员	业务范围	计量器具/资产	场地/环境	收费标准	年产值	科研工作
湖北土木工程计量校准中心	校准实验室、温度室、业务室	9人	计量检定31项，计量校准67项；交通行业Ⅱ类仪器设备和部分Ⅰ类通用仪器设备	计量标准器具和仪器设备约80余台(套)	办公及校准实验室用房面积200m^2，其中试验时面积80m^2	—	400万	完成多个交通运输部和湖北省地方计量检定规程的编写
山东省交通科学研究所标准计量室	未分科室	13人	计量检定/校准项目79项	—	办公及校准实验室面积300m^2，其中办公面积约100m^2，资料室、校准室和仪器储存间合计约200m^2	计量室按成本核算定出	400万	—
天津市市政公路管理局计量中心站	质量部、检定一室、检定二室	16人	市政公路行业部分Ⅰ类通用仪器检定/校准。计量授权检定/校准24项	计量仪器设备和辅助工具58台(件、套)，固定资产100万元	业务、试验和办公用房共240m^2，其中有试验室3个合计面积近190m^2	《天津市2008年度计量检定收费标准》	70万	—
四川省交通工程检测设备计量检定站	检定一、二、三室，技术质量室，设备管理室	15人	交通行业专用检测仪器检定/校准。计量授权检定9项	计量仪器设备和辅助工具65台(件、套)，固定资产50万元	业务、试验和办公用房共500m^2，其中功能区240m^2	《四川省计量检定收费标准》	15万	已申报行业、地方计量检定规程、规范编制工作2项
贵州省公路水运工程检测设备计量检定站	—	11人	摆式摩擦系数测定仪、逆反射测定仪	高精度摆式摩擦系数测定仪检定装置、逆反射标准器组等，固定资产30万	工作场地面积超过400m^2	—	—	—

五、全国公路专用计量器具计量技术委员会

全国公路专用计量器具计量技术委员会是在公路行业从事有关计量技术的技术性非法人组织，负责在公路领域内制定计量技术规范和开展计量标准国内量值比对等归口管理工作，委员会旨在确保公路行业量值的准确、一致，同时充分发挥计量专家在计量活动中的技术支撑作用。国家质检总局及交通运输部批复函如图4-8所示。

公路计量技术委员会是从事公路计量技术工作的技术性非法人组织，秘书处设在交通运输部公路科学研究院(国家道路与桥梁工程检测设备计量站)。公路计量技术委员会委员主要由行业计量主管部门、科研院所、高等院校、质量监督部门、检验检测中心、专业计量站、设备生产企业以及国家专业计量院所等相关机构的在职人员组成，均具有高级技术职称，有较高的理论水平和丰富的实践经验，熟悉公路领域计量技术，热心计量事业和委员会工作。人员专业组成布局合理，其中道路专业约45%，桥隧专

业约25%，交通工程专业约15%，相关计量专业约15%。公路计量技术委员会设主任委员1人，由交通运输部公路科学研究院何勇副院长担任；副主任委员2人，分别由北京市道路工程质量监督站周绪利站长、国家道路与桥梁工程检测设备计量站和松站长担任。秘书处设秘书长1人，由国家道路与桥梁工程检测设备计量站苏文英主任工程师兼任；并设秘书1人，负责处理秘书处日常事务。

国家质量监督检验检疫总局

国质检量函〔2016〕113号

质检总局关于同意筹建全国公路专用计量器具计量技术委员会的函

交通运输部：

《交通运输部关于申请筹建全国公路专用计量器具计量技术委员会的函》（交科技函〔2015〕965号）收悉。经研究，同意筹建全国公路专用计量器具计量技术委员会（以下简称委员会）。委员会秘书处设在交通运输部公路科学研究院（国家道路与桥梁工程检测设备计量站）。请按照《全国专业计量技术委员会章程》《全国专业计量技术委员会管理规定》的有关规定，做好委员会的筹建工作。请于2016年5月7日前将筹建方案报送我局。

联系人：张晓刚

电　话：（010）82262435

2016年3月16日

（此件依申请公开）

中华人民共和国交通运输部

交科技函〔2016〕402号

交通运输部关于申请成立全国公路专用计量器具计量技术委员会的函

国家质量监督检验检疫总局：

根据《质检总局关于同意筹建全国公路专用计量器具计量技术委员会》（国质检〔2016〕113号）要求，我部组织开展了全国公路专用计量器具计量技术委员会筹建工作（以下简称"公路计量技术委员会"）。公路计量技术委员会拟由25名委员组成，交通运输部公路科学研究院何勇副院长任主任委员，北京市道路工程质量监督站周绪利站长、重庆市交通委员会工程质量安全监督局沈小俊副局长任副主任委员，国家道路与桥梁工程检测设备计量站和松站长任秘书长、苏文英主任工程师任副秘书长，秘书处设在交通运输部公路科学研究院（国家道路与桥梁工程检测设备计量站）。

现筹建工作已经完成，特申请正式成立全国公路专用计量器具计量技术委员会。请予审批。

附件：1. 全国公路专用计量器具计量技术委员会委员名单（汇总表）

图4-8　国家质检总局及交通运输部批复函

公路计量技术委员会拟开展的工作内容主要包括以下四个方面：①编制完善公路行业计量技术规范，满足行业计量发展需要；②组织公路行业特殊量值的国内比对，保证其量值准确、可靠；③组织开展计量技术规范的宣贯、培训和相关技术交流等；④深入研究国内外公路计量的发展趋势，促进公路计量技术的发展。

第五章 公路水运计量标准体系

计量标准在计量工作中具有十分重要的地位和作用，它是复现计量单位，确保计量单位制统一和量值准确可靠的物质基础。目前，公路水运行业共建立的行业最高计量标准不足20项，已建标准数量与行业发展的要求尚有一定的距离。因此，在今后一个时期，加紧建立和完善计量标准体系是公路水运计量工作的重中之重。

一、公路行业最高计量标准

目前，公路行业拥有国家质检总局授权的总共11项部门最高计量标准，包括第一期取得授权的逆反射标准器组、逆反射测量仪、车载式路面激光车辙仪、车载式路面激光平整度仪、摆式摩擦系数测定仪、通信管道静摩擦系数标准器以及通信管道静摩擦系数测量仪；以外，有4项标准刚刚取得授权。这些标准的建立初步解决了我国公路交通行业专用仪器设备量值长期无法溯源的问题，规范了专用测量仪器的研制、生产、销售和维修，对于提高我国公路工程建设水平起到了积极的作用。

（1）通信管道静摩擦系数标准器

通信管道静摩擦系数标准器（表5-1）长度为300mm，工作面为直径34mm圆弧面，表面粗糙度R_a值不大于3.2μm，其使用方法是把标准器固定在被检定的通信管道摩擦系数测量仪上，将标准试棒放置于标准器上方，按平板法静摩擦系数测试原理进行测试。

表5-1 通信管道静摩擦系数标准器

标准名称		标准代码
通信管道静摩擦系数标准器		61610112
计量类别	计量学科	主要技术指标
集成量	力	测量范围:0～0.783 $U=2.8\%\sim3.4\%, k=2$

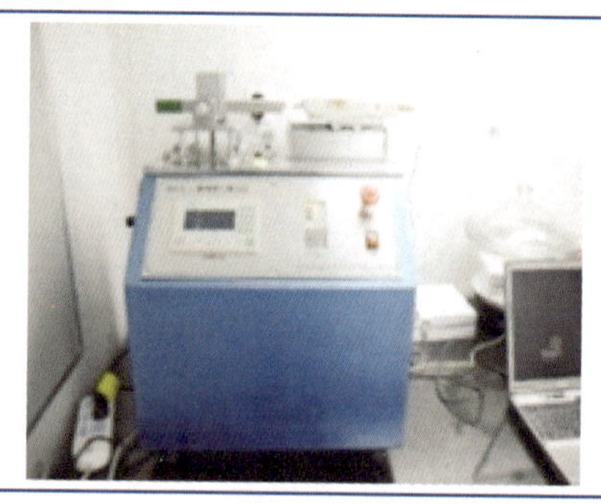

（2）通信管道静摩擦系数测量仪

通信管道静摩擦系数测量仪（表5-2）是用平板法测量通信管道产品静摩擦系数的专用仪器，主要用于实验室测量。一般由基座、试验台、支撑装置、升降装置、角度测量装置、试样固定装置和标准棒等部分组成。通信管道静摩擦系数测试原理如下：通过试验平台角度变化，当试样夹具中标准试棒在通信管道中开始下滑时，此时试验平台倾角α的正切值，即为静摩擦系数。

表5-2 通信管道静摩擦系数测量仪

标准代码		
通信管道静摩擦系数测量仪		61610113
计量类别	计量学科	主要技术指标
集成量	力	测量范围:0.05～1.0 $U=3.0\%, k=2$

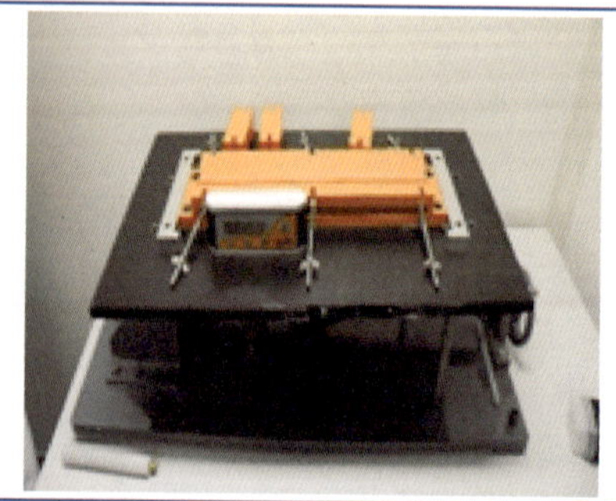

（3）摆式摩擦系数测定仪

摆式摩擦系数测定仪（表5-3）是检测公路路面抗滑性能的仪器，也可用以检测材料抗滑性能。摆式仪基本结构分为六个部件：摆、度盘、指针、悬臂、底座和立柱。摆式仪工作原理为：当摆锤从一定高度自由下摆时，滑溜块面同试验表面接触，由于两者间摩擦而损失部分能量，这部分能量与摆锤势能损失相等，基于该力学模型推算摆式仪与被测表面摩擦系数。

（4）车载式路面激光平整度仪

激光平整度仪（表5-4）为利用激光测距及加速度惯性修正技术测量路面纵断面高程并且计算路面国际平整度指数（IRI）的设备，主要由激光测距系统、纵向测距传感器和计算机处理系统等部分组成。

测试过程如下：首先由激光测距系统、纵向测距传感器测试高程信息，然后将信息传输至路面平整度处理系统，最后经过分析计算，输出测试结果。

表 5-3　摆式摩擦系数测定仪

标准名称		标准代码
摆式摩擦系数测定仪		61610108
计量类别	计量学科	主要技术指标
集成量	力	测量范围：0～1.5 MPE：±0.03

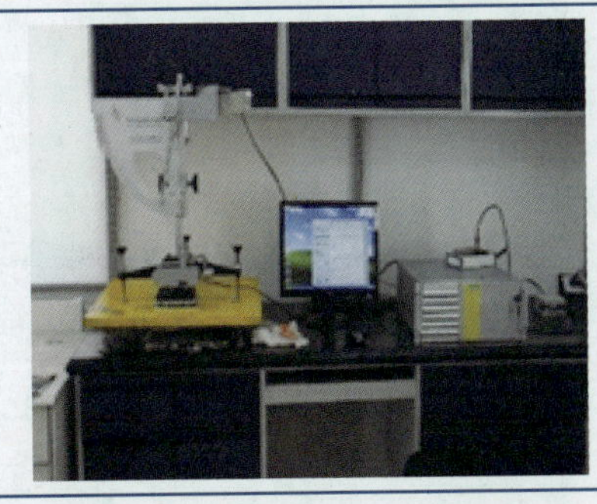

表 5-4　车载式路面激光平整度仪

标准名称		标准代码
车载式路面激光平整度仪		61610106
计量类别	计量学科	主要技术指标
集成量	长度	测量范围：0～10m/km $U=1\%$，$k=2$

(5)车载式路面激光车辙仪

激光车辙仪（表 5-5）分为两类，第一类为应用激光测距技术直接测量路面横断面高程并且计算路面车辙深度 R_u 的设备，主要由激光测距传感器、纵向测距传感器和计算机处理系统等部分组成；第二类为应用激光、图像采集技术，通过对投射到路面上的激光线的变形计算路面车辙深度的设备，主要由激光光源、数字图像采集设备、纵向测距传感器和计算机数字图象处理系统等部分组成。两类激光车辙仪识别车辙类型和计算车辙深度均采用《公路路基路面现场测试规程》（JTG E60—2008）的规定。

表 5-5　车载式路面激光车辙仪

标准名称		标准代码
车载式路面激光车辙仪		61610107
计量类别	计量学科	主要技术指标
集成量	长度	测量范围：1～55mm $U=3\%$，$k=2$

(6)逆反射测量仪

逆反射测量仪（表 5-6）是用来测量交通标志板、反光膜、道路标线、突起路标等逆反射交通安全设施反光性能的一种光学测量设备，该设备既可用于实验室也可用于现场测量，一般由光源、接收器、光学系统、数据处理与指示单元、电源等部分组成。

(7)逆反射标准器

逆反射标准器（表 5-7）是用来检定逆反射测量仪的计量器具，包括逆反射标志标准器、逆反射标线标准器和突起路标标准器。逆反射标准器逆反射性能由逆反射系数或发光强度确定。检定时，将逆反射标准器放置在逆反射测量标准装置的入射角调节器的标准夹具上，通过控制系统，设置相应的测量几何条件，待系统稳定后读取逆反射系数 R_A 或者发光强度 R_I 的值。

表 5-6 逆反射测量仪

标准名称		标准代码
逆反射测量仪		61610111
计量类别	计量学科	主要技术指标
集成量	光	不确定度： 逆反射系数 U=5.1% ~5.6%，k=2 发光强度系数 U=5.1%，k=2

表 5-7 逆反射标准器

标准名称		标准代码
逆反射标准器		61610110
计量类别	计量学科	主要技术指标
集成量	光	不确定度： 发光强度系数 U=4.6%，k=2 逆反射系数 U=4.6%，k=2

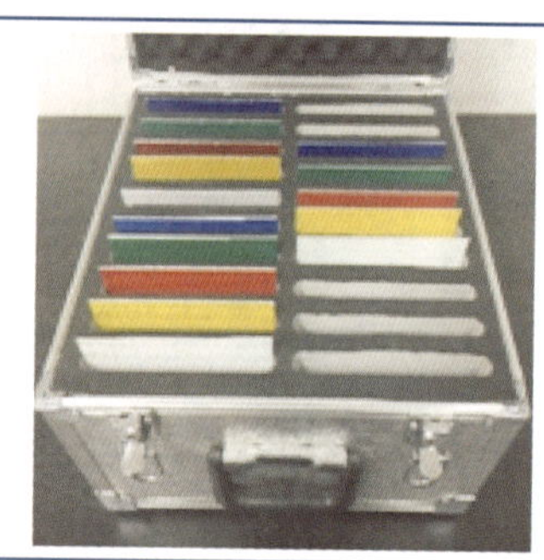

（8）刚获得授权的最高计量标准

公路行业有 4 项最高计量标准刚获得授权，包括车载式路面激光构造深度仪、车载式路面损坏视频检测系统、公路断面探伤及结构层厚度探地雷达、路面渗水系数测量仪（渗水标准器作为另一项计量标准正在申请授权）（图 5-1）。

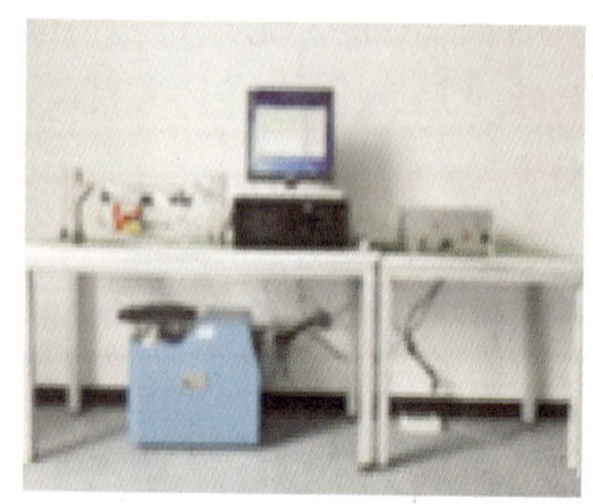

a）路面激光构造深度仪

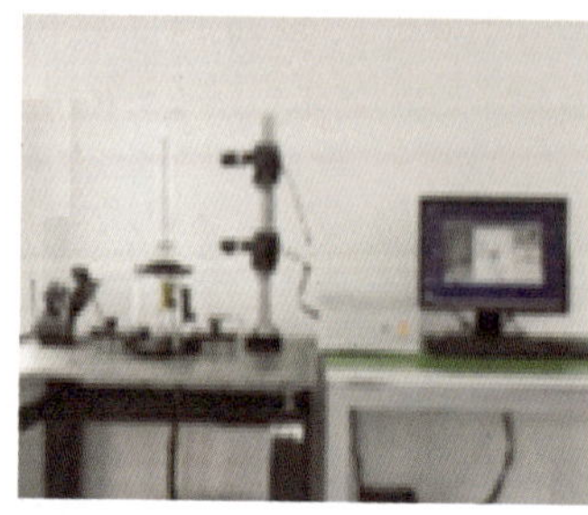

b）路面渗水系数测量仪

c）路面渗水系数标准器

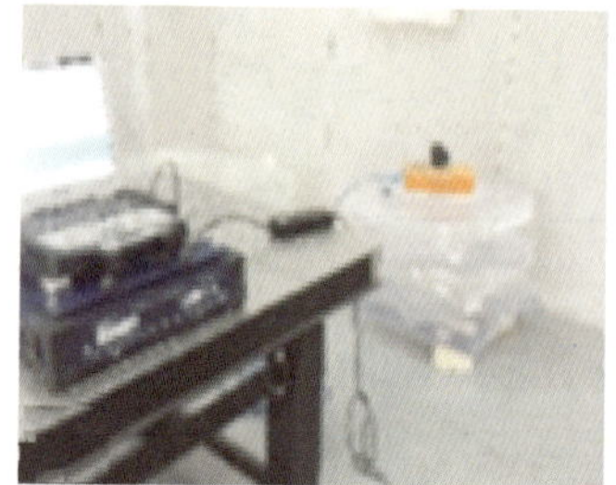

d）公路断面探伤及结构层厚度雷达

e）车载式路面损坏视频检测系统

图 5-1 公路行业申请授权（在建）最高计量标准

二、水运行业最高计量标准

1. 已建最高计量标准

目前，水运行业已建最高计量标准8项，可开展13项检定/校准项目，已获授权的计量标准如表5-8所示。

2. 申请增建的计量标准

申请增建的水运工程检测设备计量标准项目（2016—2020年）见表5-9。

表5-8　水运行业已建最高计量标准

序号	计量标准	授权内容
1	潮(水)位置闸门开度计计量检定装置	闸门开度计检定装置 计量依据：JJG（交通）026—2015《水运工程　闸门开度计》 开展项目： 闸门开度计 ①测量范围：0～40m可分段测量 ②MPE：±0.1%F·S±10mm 地下水位计 ①测量范围：0～10m ②MPE：±0.1%F·S±10mm 超声波水位计 ①测量范围：0～10m ②MPE：±0.1%F·S±10mm 授权范围：全国 计量授权形式：检定
2	非金属声波检测仪计量检定装置	非金属声波检测仪检定装置 计量依据：JJG（交通）027—2015《水运工程　非金属声波检测仪》 开展项目：非金属声波检测仪 ①测量范围：0～250mm ②幅值准确度相对误差不大于3% ③空气中声速值准确度相对误差不大于0.5% 授权范围：全国 计量授权形式：检定
3	桩基静载仪计量检定装置	桩基静载仪检定装置 ①计量依据：JJG（交通）028—2004《水运工程　桩基静载仪检定规程》 ②开展项目：桩基静载仪 ③测量范围：压力：0～60MPa ④位移：0～50mm ⑤MPE：压力1.0%F·S ⑥位移：±0.05mm ⑦授权范围：全国 ⑧计量授权形式：检定

续上表

序号	计量标准	授权内容
4	 浅水回声测深仪计量检定装置	回声测深仪检定装置 计量依据:JJG(交通)032—2015《水运工程 回声测深仪》 开展项目:回声测深仪 ①测量范围:0~40m ②MPE:单波束测深仪 (0.4%H±0.05)m 多波束测深仪 (0.1%H±0.1)m 授权范围:全国 计量授权形式:检定
5	 基桩动测仪计量检定装置	基桩动态测量仪检定装置 计量依据:JJG 930—1998《基桩动态测量仪》 开展项目:基桩动测仪 ①测量范围: 频率:20~2000Hz 最大加速度:100m/s^2 ②加速度系统参考灵敏度:$U=2\%$,$k=2$ 授权范围:全国 计量授权形式:校准
6	 孔隙式水压力计计量检定装置	钢弦式孔隙水压力计检定装置 计量依据:JJG(交通)029—2004《水运工程 钢弦式孔隙水压力计检定规程》 开展项目:基桩动测仪 ①测量范围:0~1MPa ②MPE=±2.5%F·S 授权范围:全国 计量授权形式:检定/校准/测试
7	 压力式验潮仪检定装置	压力验潮仪检定装置 计量依据:JJG 946—1999《压力验潮仪检定规程》 ①开展项目:压力验潮仪 ②测量范围:0~100m ③潮位 MPE:±0.04m;±0.10m;±0.04m 授权范围:全国 计量授权形式:检定/校准/测试

续上表

序号	计量标准	授权内容
8	浮子式验潮仪检定装置	浮子验潮仪检定装置（闸门开度计检定装置） 计量依据：JJG 946—1999《压力验潮仪检定规程》 开展项目：浮子验潮仪 测量范围：0～8m 潮位 MPE： 1 级　±3mm 2 级　±10mm 3 级　±20mm 4 级　±40mm 授权范围：全国 计量授权形式：检定/校准/测试

表 5-9　申请增建的水运工程检测设备计量标准项目（2016—2020 年）

序号	计量标准名称	参照技术文件	应用简介	计划年限	主要检定项目
1	氯离子扩散系数（电通量）测定仪检定装置	部门检定规程正在制定	氯离子对混凝土中钢筋的锈蚀是混凝土最大的破坏和负面影响。钢筋是混凝土中承受拉力的最主要的结构，钢筋强度是混凝土强度中的重要指标，钢筋锈蚀严重影响钢筋强度。混凝土中氯离子较大时，会降低混凝土抗化学侵蚀和耐磨性及抗折强度，致使混凝土膨胀、疏松；导致钢筋提前膨胀，引起混凝土结构开裂。水运工程项目规模大，造价高，对港口安全及周围局面的人身和财产安全具有较大影响。氯离子扩散系数测定仪是水运工程领域重要的材料检测设备	2016—2017	氯离子扩散电压、标准电阻和扩散电流等参数进行量值溯源工作
2	分层沉降仪检定装置	部门检定规程正在制定	分层沉降仪的工作原理是将沉降管与岩土层固定，通过测量沉降管移动的距离从而检测地基、土层的纵向沉降的检测设备，主要用于水坝、水工建筑物以及围海造陆时地基、土层的沉降检测。分层沉降仪是水运工程领域用于长期观测的结构检测设备，其类型主要有电磁式、机械式以及光栅式，对水运工程安全检测具有重要意义	2016—2017	分层沉降最大允许误差、测量重复性、分层分辨力、量程
3	波浪观测仪检定装置	部门检定规程正在制定	波浪测量是水运工程水文测绘的基本指标，是极其重要的水动力参数。波浪观测仪是对近海进行波浪观测的重要仪器设备，波浪观测仪可以对波浪的大小、波浪方向进行观测。波浪观测仪的原理多样，利用声学多普勒原理、压力原理和浮子原理进行波浪测量。波浪对水工建筑物影响巨大，波浪会对水工建筑物产生极大的影响。为了保证水工建筑物的安全和使用寿命，往往需要在沿海或沿河建设大量的防波堤，并在防波堤上布置碎浪设施	2017—2018	波浪传播方向最大允许误差、重复性；波高最大允许误差、重复性；波浪周期测量最大允许误差等参数开展量值溯源工作

续上表

序号	计量标准名称	参照技术文件	应用简介	计划年限	主要检定项目
4	声学多普勒流速剖面仪检定装置	部门检定规程正在制定	流速是水运工程水文测绘中基本指标之一，流速大小对船舶航行安全、水工建筑物设计与布局、航道的适航条件有较大的影响。声学多普勒流速剖面仪是利用声学多普勒原理对不同剖面深度的流速进行测量的仪器设备，可用于内河断面流量测量，河道中含沙量的推算、悬沙浓度的测量、三维水流模拟等新领域有比较广泛的应用	2017—2018	流速大小、流速方向
5	波浪补偿仪检定装置	部门检定规程正在制定	波浪补偿仪安装在任何船只或其他设备来实现水上、水下等设备的运动数据进行采集，协助完成数据勘测、声呐成像补偿、姿态测量等。波浪补偿仪在水运工程中作为多波束测深仪等测深仪器的配套仪器，用以补偿测量船在进行测深作业时，受风浪上下摇摆产生的测深误差，常作为精确地形测量时的修正数据；波浪补偿仪也常常作为船舶姿态测量的仪器。波浪补偿仪测量的准确度对水运工程领域的水深测量、水下地形绘制以及船舶姿态测量有较大的影响	2017—2018	横摇和纵摇角度偏差和涌浪（或上下升沉）长度偏差
6	井径仪检定装置	部门检定规程正在制定	井径仪是利用井眼直径发生变化时，测量杆相应收张引起电位器电位的变化，从而实现对井眼直径的测量的仪器。井径资料对于综合判断岩性、解释其他测井曲线和计算固井水泥量都是非常重要的。随着技术的不断进步，井径仪还可用于检测套管变形，测量井孔椭圆度，测量灌注桩钻孔质量，监测岩体应变领域	2017—2018	井径测量最大允许误差、测量重复性、分辨力和量程等参数
7	超短基线检定装置	部门检定规程正在制定	超短基线水下声学定位系统主要用于海洋探测研究、海洋工程、水下建筑物施工、潜水员水下作业、水下考古、海洋国防建设等领域中的水下定位工程，与 GPS、姿态传感器和电罗经组合使用。该系统能够为潜水员水下作业提供高精度定位信息，确保潜水员的安全，也能够在水下无人潜水器或自主潜水器（ROV）等设备进行水下建筑物勘测时，提供精确的位置资料	2018—2019	定位最大允许误差、基线长度、测量重复性等参数
8	含沙量测定仪检定装置	部门检定规程正在制定	含沙量测量是水文测绘的基本指标之一，含沙量对航道的通航条件、航道和河口的地形淤积演变、水运工程设计都具有较大的影响，对工程造价和航行安全具有较大影响。含沙量测定仪是用于直接测量水域内含沙量的重要设备，通过透光率、电磁等方法测量单位体积水内含沙的质量。与传统的采样后烘干、称重的方法相比，含沙量测定仪可以进行实时测量，并且可以对较深水层进行含沙量测量，具有较高的测量效率和较好的便利性	2018—2019	含沙量最大允许误差等参数

续上表

序号	计量标准名称	参照技术文件	应 用 简 介	计划年限	主要检定项目
9	钢筋锈蚀仪检定装置	部门检定规程正在制定	钢筋是混凝土中承受拉力的最主要的结构，钢筋强度是混凝土强度中的重要指标，钢筋锈蚀严重影响钢筋强度。钢筋锈蚀仪是一种以非接触的方式，以电化学测量方法为原理，对钢筋的锈蚀程度和混凝土重量损失比进行测量的仪器，具有操作简便，测量速度快的特点，是水运工程领域应用广泛的材料检测仪器	2018—2019	测量电位最大允许误差、重量损失比等参数
10	钢筋笼测定仪检定装置	部门检定规程正在制定	在水运工程施工时利用机器冲孔和水磨钻孔，并且孔深达到设计要求，然后向桩孔下放钢筋笼，再插入导管进行混凝土浇注。钢筋笼主要起抗拉作用，对桩身混凝土起到约束的作用，使之能承受一定的水平力。钢筋笼测定仪可以自动对钢筋笼的结构、钢筋的长度和直径以及钢筋笼的角度进行测量，是水运工程领域必不可少的结构检测设备	2019—2020	钢筋笼长度测量最大允许误差、钢筋定位最大允许误差、测量重复性等参数
11	无侧限抗压强度测定仪检定装置	部门检定规程正在制定	无侧限抗压强度是水运工程领域重要的材料检测设备，可以根据不同的检测材料（例如岩石、预制板等材料），在无侧向压力的条件下，对被检测其各个部位的抗压强度进行测量，测量被测材料受力以及形变的程度	2019—2020	无侧限抗压强度及灵敏度、压力测量最大允许误差、位移测量最大允许误差、重复性
12	侧扫声呐仪检定装置	部门检定规程正在制定	侧扫声呐是从船舶拖曳的拖体向航道两侧发射声脉冲，利用回声测深原理，探测河（海）床带状区内河（海）底、地貌和水下物体的仪器，在水运工程测量中得到广泛应用。与多波束的地形扫测具有相近的用途，但是应用的领域、扫描范围和测量精度都不相同，属于水运工程应用较多的水下地形测量设备，其量值溯源势在必行	2019—2020	水平波束宽度、垂直波束宽度、声源级、对应水深范围内的底物分辨力
13	多波束测深仪检定装置	部门检定规程正在制定	多波束回声测深仪是利用多波束回声信号测量、绘制海底地形和水深的仪器设备，它把测深技术从点、线扩展到面，并进一步发展到立体测深和自动成图，特别适合进行大面积的海底地形探测。在水运工程领域，多波束测深仪已经被广泛应用于适航水深测量、近海地形测量、航道地形测量等领域。近年来，随着多波束应用技术的不断成熟，多波束也被用于海底沉船打捞、水下救援等新的领域	2020—2021	水深、波束角、发射声源级、深度分辨力和底物分辨力

续上表

序号	计量标准名称	参照技术文件	应用简介	计划年限	主要检定项目
14	颗粒分析仪检定装置	部门检定规程正在制定	水运工程新建港口和扩建港口、港地附近的泥沙底质粒径分布情况(河床或海床)是科研、设计、施工部门普遍关心的问题。颗分仪便是用于分析河床、海床底质组成成分的仪器,分析后的成果表可为港口航道设计科研提供科学依据。颗粒分析是水文测绘中泥沙的另一个重要指标,对工程实施可行性、工程施工方案以及淤积地形演变具有较大的影响	2020—2021	颗粒质量、颗粒直径、粒径分层等参数
15	浅地层剖面仪检定装置	部门检定规程正在制定	浅地层剖面仪是探测水下浅部地层结构和构造以及地下管线走向的探测仪器,在港口码头施工前期以及部分航道开挖中应用。该装置用以测试浅地层剖面仪的技术性能是否符合规程要求。浅地层剖面仪供港口、码头、基桩定位、管线铺设设置选位使用,还可在航道勘测中测量河(海)底的浮泥厚度	2020—2021	水深测量最大允许误差、垂直分辨力、穿透深度等参数

三、公路水运计量标准建标需求分析

1. 公路计量标准需求分析

2012 年 12 月 21 日,交通运输部根据《计量法》的有关规定,组织编制了《公路工程试验检测仪器设备计量管理目录》,该目录规定了公路工程试验检测仪器设备计量管理范围,是各级交通运输主管部门和有关单位对公路工程试验检测仪器设备进行计量监督管理及开展相关工作的基本依据。目录的编制对加强交通运输行业计量器具的管理,保证其量值传递的准确、统一,提升交通运输工程产品质量起到了基础支撑作用。目录按照专业分类,分为三十一类,共计 150 项计量标准。已经建立的计量标准共 7 项,占比为 4.7%;正在建立标准共 5 项,占比为 3.3%;未建立标准共计 138 项,占比达到 92%(图 5-2)。从目前的情况来看,已经建立的公路计量标准还远远不能满足行业发展的需要,标准体系的发展需求很大。

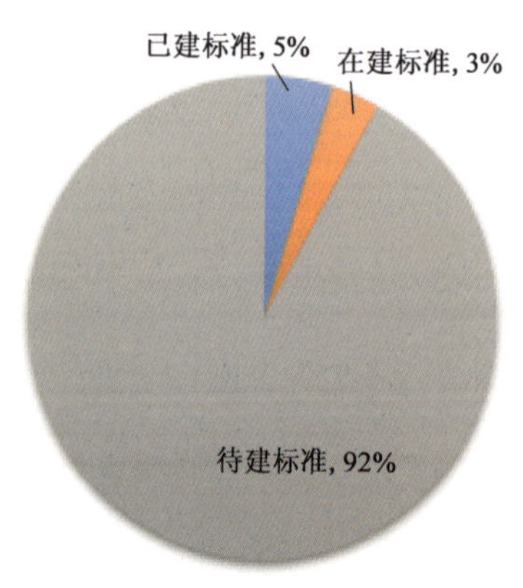

图 5-2 公路计量建标概况(数量及占比)

“十三五”是我国公路交通事业发展的重要机遇期,也是公路计量发展的重要阶段。根据交通运输行业发展的方向及具体要求,从发展总需求的 150 项计量标准中筛选十大类共计 103 项作为“十三五”时期重点建设的公路计量标准。这 103 项标准按照计量类别分类[图 5-3a)],基本量 41 项(占比 39.8%),集成量 52 项(占比 50.5%),远程及在线计量 10 项(占比 9.7%);按照计量学科分类[图 5-3b)],几何学科 60 项(占比 47.6%),电学科 5 项(占比 4.0%),温度学科 12 项(占比 9.5%),力学科 34 项(占比 27.0%),光学科 7 项(占比 5.6%),其他学科 8 项(占比 6.3%);按照计划年份[图 5-3c)],2016 年计划 22 项(占比 21.4%),2017 年计划 19 项(占比 18.4%),2018 年计划 25 项(占比 24.3%),2019 年计划 18 项(占比 17.5%),2020 年计划 19 项(占比 18.4%);从研究进展看[图 5-3d)],开展预研的标准 34 项(占比 33%),待建标准 69 项(占比 67%)。在以上这 103 项标准中,公路行业需要根据自身发展的要求从中进行筛选排序,分批分次地制定近期建标计划。公路行业制定近期建标计划的原则是按照在工程中重要性以及使用的范围数量进行合理排序。重点建设计量标准分类统计见表5-10。

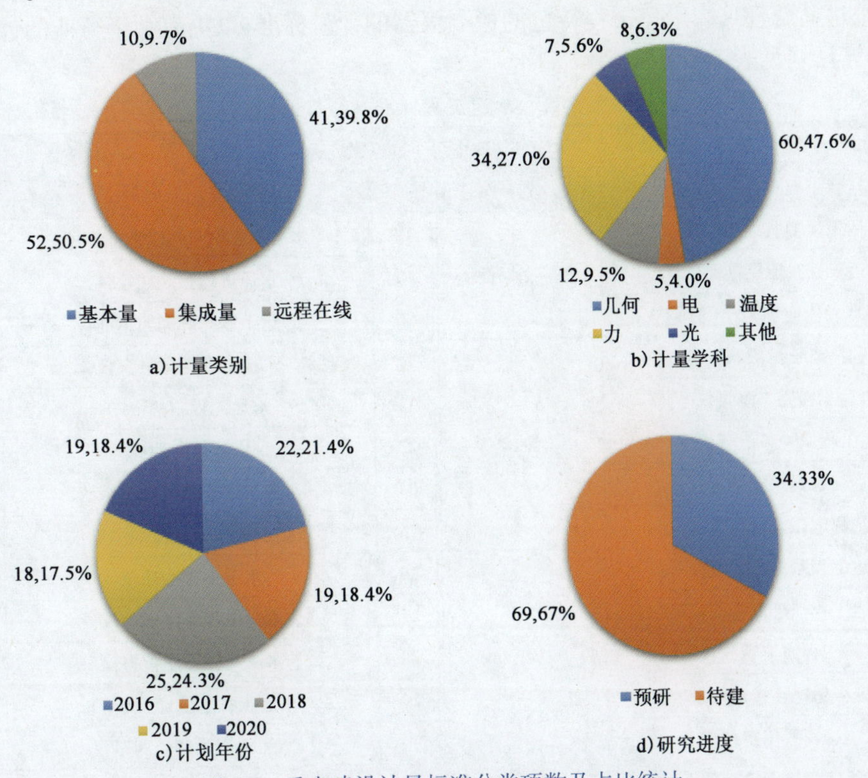

图5-3　重点建设计量标准分类项数及占比统计

表5-10　重点建设计量标准分类统计

范畴	特征类别			计量学科分类（交叉重复计数）						计划年份					研究进展	
	基本量	集成量	远程在线	几何	电	温度	力	光	其他	2016	2017	2018	2019	2020	预研	待建
标准数量	41	52	10	60	5	12	34	7	8	22	19	25	18	19	34	69

注："待建"标准为该年度建标研究计划；"预研"标准为该年份开展前期技术性研究，根据时间和人力条件合理开展建标工作。

2. 水运计量标准需求分析

2016年12月，交通运输部办公厅发布了《水运工程试验检测仪器设备计量管理目录》，列出了水运工程专用仪器设备，数量为150种，其中7种已建立行业最高计量标准，46种已有公开发布的计量依据标准技术文件，97种还没有依据标准。水运工程领域所需检测仪器的计量标准，如与结构材料类、水文地质类、港口机械类和助航设施类等相关的仪器设备多达128种，缺口巨大。为此，国家水运计量站已做好计量标准建设的规划，拟于"十三五"期抓住重点，集中攻关20项涉及水运工程安全类的计量标准和装置，逐步完善水运计量技术体系，从而达到完善国家计量技术体系的目的。国家对水运行业的投入和其自身的快速发展给水运工程建设带来了前所未有的机遇和挑战。很多在以往需要较长时间才能完成的工程建设项目，如今只在较短的时间内就能完工。一方面工程施工工艺较过去得到了较大的完善和提升，另一方面人们在进度要求的压力下加快了施工速度，更有甚者片面追求经济效益，偷工减料，违规操作，这就使得工程质量的检测工作成为质量检查工作的重中之重，检测设备的量值溯源工作成为质量监督工作的基础。确保工程质量需要未雨绸缪，即重视工程前各项科学依据的把关工作。这些工作包括前期测量、科研、设计等，而测量工作又是这些前期工作的重要依据和基础，因此，控制测量质量是确保工程质量的首要任务。目前，交通运输部和测绘部门都加大了对拥有水运工程测绘资质部门的监管力度，对相关仪器设备都提出了定期检定和校准的要求，但受国家水运计量站计量标准数量限制，仅有部分仪器的量值溯源工作能够落实，若要与上级部门的要求和当前水运行业发展的速度紧密结合起来，必须尽快增建急需且具有水运工程特色的检测仪器的计量标准，以更有利于行业的计量管理。水运工程标准制修订计划见表 5-11。

表 5-11 水运工程标准制修订计划

"十三五"(2016—2020)期间重点领域标准制定计划					
序号	计量标准名称	计划年限	序号	计量标准名称	计划年限
1	水运工程多波束测深仪	已提交报批稿	18	水运工程 500 吨以上千斤顶	2018—2020
2	水运工程浅地层剖面仪		19	水运工程弦式接收仪	
3	声学多普勒流速剖面仪(ADCP)		20	水运工程光纤光栅钢筋计	
4	水运工程氯离子扩散系数测定仪	在编	21	水运工程动力触探仪	
5	水运工程姿态测量仪		22	水运工程扫描声呐	
6	水运工程激光粒度分析仪		23	水运工程罗经	
7	水运工程钢筋笼测定仪		24	水运工程长基线定位系统	
8	水运工程电磁式分层沉降仪		25	水运工程压力式波浪测量仪	
9	水运工程基桩高应变仪	2017—2018	26	水运工程测冰仪	
10	水运工程基桩低应变仪		27	水运工程海洋磁力仪	
11	水运工程波浪观测仪		28	水运工程海洋重力仪	
12	水运工程超短基线定位系统		29	水运工程水位计(地基)	
13	水运工程船用定位仪		30	水运工程无侧限测厚仪	
14	水运工程钢筋锈蚀仪		31	水运工程拾振器	
15	水运工程涂膜附着力测试仪		32	水运工程产量计	
16	水运工程侧扫声呐		33	水运工程检测设备通用技术要求	
17	水运工程含沙量测定仪		34	水运工程检测设备基本环境实验条件及方法	

水运工程检测仪器品种多、专业性强，包括结构检测、材料检测、水文地质测绘、港口机械和助航设施五个方向。交通运输部对水运工程领域涉及的检测设备进行了梳理，共有 205 种。在这 205 种检测设备中，除去可向社会公用计量标准溯源的设备和无量值输出的设备，仍有需要行业管理的检测设备 128 种。在 128 种仪器设备中，仅有 8 项建立了计量标准，缺口巨大。

交通运输部为了规范全国公路和水运行业检测活动，保证工程质量，于 2005 年发布第 12 号令以及交质监发〔2005〕547 号文件，其中列出的码头建设检测的主要仪器设备有 103 个，包括了材料和结构两大块，按资质级别对检测仪器设备提出检定要求，而这些仪器设备目前在社会公用计量单位大多都能完成检定和校准，基本满足要求，而一些水运工程水文和地质地貌专用测绘仪器，由于缺少计量检定规程和技术标准，在检定领域上还属空白。水运工程港口的前期科研、勘察设计、航道整治和疏浚等均会涉及浪、流、沙、底质、水位、水深 6 个基本参数的技术指标。海洋、水利 2 个行业有些工程也需要，但要求的精确度和检测仪器使用的环境和客观条件并不相同。以水深为例，水深是港口航道通航能力大小和通航船舶吨位最主要的参数，也是船舶航行安全的保证；在港口、航道疏浚工程中水深是计算挖掘土方量的重要参数，可作为甲、乙双方财务结算的依据；在淤泥质河段和港口航道，河底淤泥的密度和厚度不同，船舶允许在低密度泥水中航行，因此在水运行业存在"适航水深"的问题；在沿海港口、航道水深测量中会遇到波浪和水温引起声速变化继而影响到测量精度等问题，为此，在水运工程测量过程中使用的测深仪，为了保证测量的准确，应配备声速剖面仪和波浪补偿仪。根据测深的需求，当前在水运工程水深测量中除使用单波束回声测深仪之外，还广泛使用双频测深仪和多波束测深仪等仪器设备。

综上所述，水运工程检测仪器计量检定工作具有突出的专业特色，并已成为当前和未来一段时期内水运工程检测、测量工作的迫切需要。

第六章 公路水运计量服务

公路水运计量服务主要包括检定、校准、测试、比对、能力验证以及与计量相关的培训、宣贯等工作。公路水运计量服务主要围绕目前行业已经建立的总共13项最高计量标准开展，同时也向全社会提供相关的校准及测试业务。因此，公路水运计量服务是一个涵盖范围很广的概念。

一、公路行业计量服务

公路行业目前拥有最高计量标准7项(不含刚授权4项),自2012年正式开展计量服务工作以来,截至2015年检定、校准服务的业务量稳步增加、覆盖范围逐渐扩大;除此以外,相关的测试、比对活动也相继开展。

依托国家质检总局授权的7项行业最高计量标准,对公路行业计量器具开展检定、校准服务。2012年总计检校设备数42台套,2013年总计检校设备数达到354台套,2014年检校设备总数达481台套,至2015年检校设备总数达到704台套;合计检校设备数量1581台套(表6-1)。

表6-1 自授权以来依托行业最高计量标准开展检定校准服务情况

时 间	出具检定证书数量(份)	出具校准证书数量(份)	检定设备数量(台套)	校准设备数量(台套)
2012	1	42	1	42
2013	5	338	5	354
2014	5	458	5	481
2015	0	634	0	704
合计	11	1472	11	1581

由此可见,历年来检校业务持续增长:2013年业务增长率为742.0%(前一年刚起步业务较少),2014年业务增长率为35.9%,2015年业务增长率46.4%,发展趋势如图6-1所示。

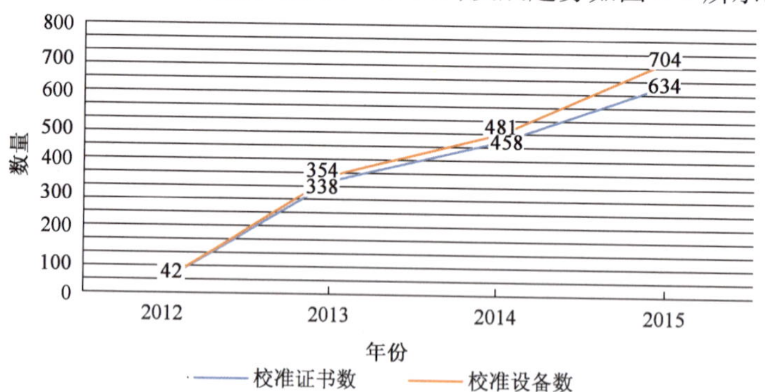

图6-1 自2012年以来检定校准业务增长趋势

不同类别计量标准检校业务量分布及增长情况比较如图6-2所示。从图中可知,不同类别计量标准检校业务量基本呈现逐年增长的趋势。其中,逆反射测量仪、车载式路面激光平整度仪以及车载式激光车辙仪业务量占总业务量的比重较大。

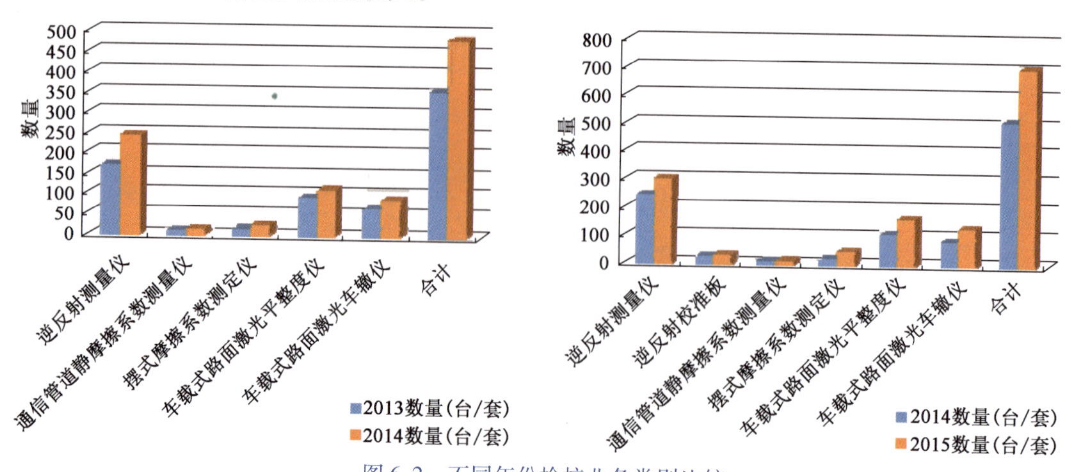

图6-2 不同年份检校业务类别比较

从检校业务的覆盖情况来看，公路计量业务目前已经在全国28个省、自治区、直辖市开展，基本覆盖了我国主要的省级行政区（表6-2）。全国共有交通甲级及专项检测机构188家，其中公路综合甲级试验检测机构100家，桥隧专项77家，交通工程11家，道路工程类甲级资质2013年送检率为40.8%，2014年送检率为43.6%，2015年送检率为58.7%。不同年份检校业务类别比较如图6-3、图6-4所示。

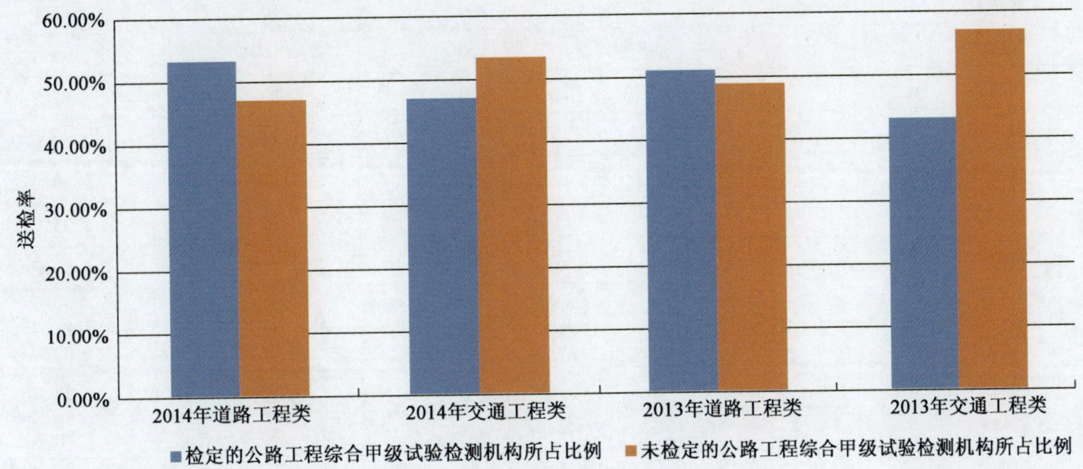

图6-3　不同年份检校业务类别比较

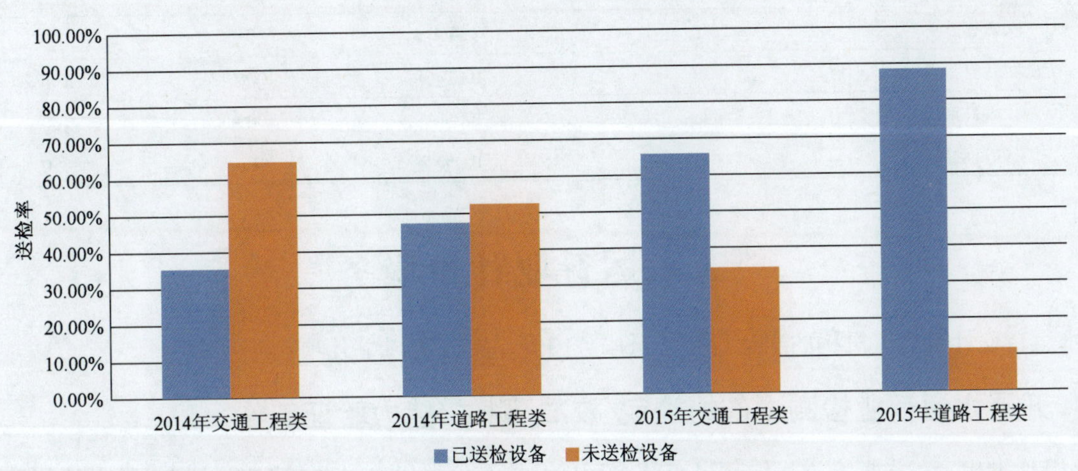

图6-4　不同年份检校业务类别比较

表6-2　检校业务覆盖全国各省市综合甲级试验检测机构情况一览表

省（直辖市、自治区）	综合甲级机构数量（个）	送检机构占当地综甲机构总数比例		
		2015	2014	2013
北京市	6	67%	67%	67%
天津市	1	100%	100%	100%
上海市	4	100%	75%	75%
重庆市	2	100%	50%	50%
河北省	3	100%	100%	33%
山西省	1	100%	100%	100%
辽宁省	3	67%	33%	33%
吉林省	4	50%	0	0
黑龙江省	1	100%	100%	100%
江苏省	3	67%	0	0

续上表

省(直辖市、自治区)	综合甲级机构数量(个)	送检机构占当地综甲机构总数比例		
		2015	2014	2013
浙江省	6	100%	83%	83%
安徽省	3	100%	100%	67%
福建省	3	100%	100%	100%
江西省	3	100%	100%	67%
山东省	5	80%	60%	60%
河南省	5	100%	80%	80%
湖北省	6	100%	33%	33%
湖南省	5	100%	80%	80%
广东省	8	100%	88%	88%
甘肃省	3	100%	67%	67%
四川省	5	100%	80%	80%
贵州省	4	100%	50%	50%
海南省	1	100%	100%	100%
云南省	4	100%	25%	25%
陕西省	7	71.4%	0	0
宁夏回族自治区	1	100%	100%	100%
广西壮族自治区	2	100%	100%	100%
内蒙古自治区	1	100%	0	0

二、水运行业计量服务

水运行业计量检定机构的水运行业计量服务内容主要分为以下几项：

1. 开展水运行业检测设备的检定/校准/测试/能力验证工作

(1)计量检定。根据交通运输部公布的水运试验检测仪器设备计量管理目录列出的专用仪器设备中，对已有国家或部门正式发布的计量检定规程的仪器设备，建立计量标准，申请计量授权，开展授权能力范围内的检定工作。

(2)计量校准。对于水运试验检测尚未发布检定规程的专用仪器设备，但具有公开发布技术文件的仪器，建立计量标准，申请中国合格评定国家认可委员会(CNAS)认可考核，取得校准资质，开展能力范围内的校准业务。

(3)通用计量器具检定/校准。针对公路水运试验检测中涉及的通用计量器具，为满足试验检测机构的实际需要，依据相关技术文件，进行建标，申请考核授权后开展检定/校准工作。

(4)计量测试能力。对于水运试验检测仪器设备中无法开展检定/校准的仪器设备，可根据试验检测机构实际需求，开展计量测试。测试可参照相关仪器设备计量管理指南、产品标准、测试规程、试验方法等，编制仪器设备测试工作指导性技术文件。

(5)能力验证。对于暂时还不能量值传递的仪器设备，检定机构可以组织开展行业内的测试能力验证活动，保证其专用仪器设备实验检测结果的可靠性。

图6-5为2010—2015年水运行业计量服务检定业务量变化趋势(数据来自国家水运计量站)，由图可见近几年水运行业各项计量服务从无到有、不断上升的趋势。国家水运计量站计量服务及基本情况

统计见表6-3。

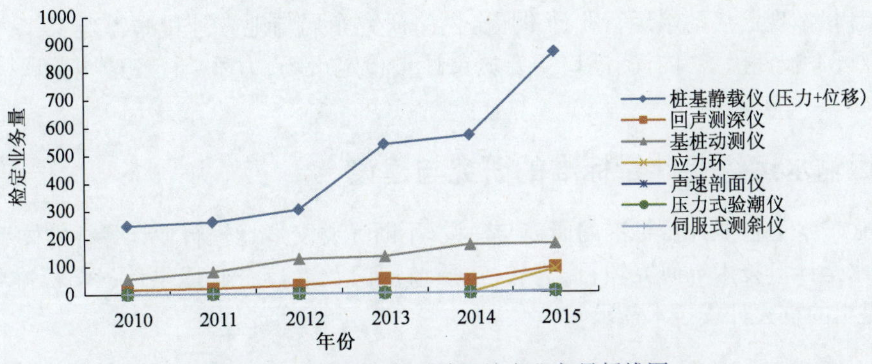

图6-5　水运行业各项计量检定业务量折线图

表6-3　国家水运计量站计量服务及基本情况统计表

序号	项　目	"十二五"期间数据					总　计
		2011	2012	2013	2014	2015	
工作完成情况							
1	检定台(件)数	362	524	492	611	855	2844
2	校准台(件)数(如有)	66	104	114	222	179	685
3	其他检测台(件)数(如有)	0	0	0	0	0	0
4	承担型式评价任务次数(如有)	0	0	0	0	0	0
5	承担政府委托监督抽查任务次数(如有)	0	0	0	0	0	0
6	承担仲裁检定任务次数(如有)	0	0	0	0	0	0
7	完成科研、技改项目数(如有)	2	0	4	4	8	10
8	制定计量技术规范数(检定系统表/规程/规范/标准)(如有)	0	0	0	0	12	12
能力建设情况							
9	已建立计量标准数量	5	0	0	3	0	8
10	已建立社会公用计量标准数量	0	0	0	0	0	0
11	实验室总面积(m^2)	880	880	940	1000	1000	1000
12	实验室恒温面积(m^2)	0	0	0	0	0	0
13	设备总台(套)数	85	93	112	115	125	123
14	设备固定资产总数(万元)	2400	2700	2700	3000	3000	3000
经费投入情况							
15	固定资产年投入(万元)	300	300	0	0	0	600
16	政府财政年投入(万元)	300	300	0	0	0	600
17	自筹年投入(万元)	20	20	20	130	50	240
18	科研经费年投入(万元)	35	0	200	100	251	586
19	技改经费年投入(万元)	0	0	0	0	0	0
服务收费情况							
20	全年总收入(万元)	19.07	29.1	31.1	45.5	57.2	181.97
21	其中检定收入(万元)	15	21	20	26	40	122
22	其中校准收入(万元)	4	8	9	16	15	52
23	其他检测服务收入(万元)	0	0	0	0	0	0
24	其他收入(万元)	0.07	0.1	2.1	3.5	2.2	7.97

目前水运行业计量服务覆盖范围以天津为中心，辐射河北、北京、辽宁、江苏、湖北、浙江、上海等省市。国家水运计量站现已启动水运行业计量服务网络研究布局与地方计量站筹建工作，立足拓宽计量服务市场，重点开发长江沿线、内河、港口主要城市计量检定市场，力争“十三五”期间形成覆盖全国的计量服务链。

2. 交通运输水运行业计量标准的研究与建设

承担交通运输水运行业计量标准的研究与建设，不断完善交通运输行业计量标准体系，同时承担国家与行业有关水运计量技术等研究项目，为省、市质监部门及港口企业提供计量与标准化技术咨询服务，满足行业提出的重大计量技术需求。

3. 承办计量培训宣贯、计量技术交流会及相关活动

水运行业计量服务既独具特色又涵盖全面，自成体系。图6-6和表6-4为水运计量相关的服务形式和工作细节。

a）测深仪计量检定

b）浅地层剖面仪技术培训

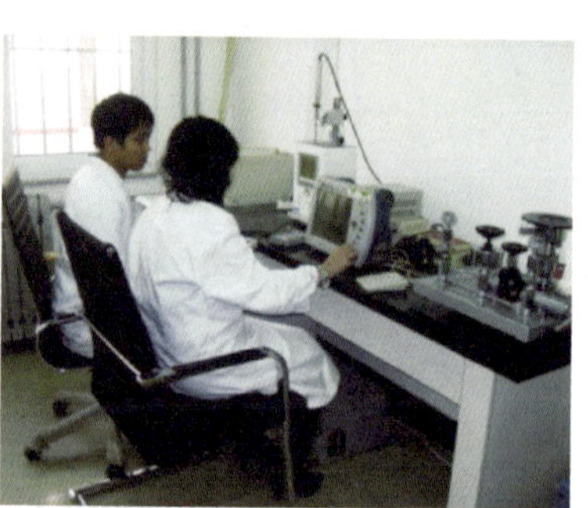

c）桩基静载仪计量检定

图6-6 计量检定实操培训

表6-4 水运计量服务科研项目

序号	项目类型	项目名称	立项部门
1	建设科技	水运工程建设检测设备计量检定体系研究与规程制定	交通运输部科技司
2	软科学	水运工程检测仪器计量检定现状与对策研究	交通运输部科技司
3	软科学	交通水运行业计量检定现状调查与研究	交通运输部科技司
4	软科学	交通运输行业计量发展规划	交通运输部科技司
5	软科学	交通运输标准化“十三五”发展规划	交通运输部科技司
6	软科学	京津冀交通标准一体化研究	交通运输部科技司
7	软科学	滨海新区计量现状及管理对策研究	滨海新区质监局
8	软科学	天津港计量工作现状及中长期规划	天津港（集团）有限公司
9	标准	交通环保相关标准制定	交通运输部科技司
10	标准	桩基静载仪及四种钢弦式监测仪器主要技术参数与测试方法研究	交通运输部科技司
11	标准	水运工程试验检测仪器设备技术标准	交通运输部科技司
12	计量质量	水运工程检测设备检定/校准管理目录	交通运输部科技司
13	计量质量	交通水运工程产品质量监督检验体系研究	交通运输部科技司
14	计量质量	交通行业计量检定规程管理办法研究	交通运输部科技司
15	计量质量	声速剖面仪计量标准技术研究	交通运输部科技司
16	计量质量	浅地层剖面仪计量标准技术研究	交通运输部科技司
17	计量质量	多波束测深仪计量标准技术研究	交通运输部科技司

续上表

序号	项目类型	项目名称	立项部门
18	计量质量	声学多普勒流速剖面仪（ADCP）计量标准技术研究	交通运输部科技司
19	计量质量	伺服式测斜仪计量标准技术研究	交通运输部科技司
20	计量质量	氯离子扩散系数测定仪计量标准技术研究	交通运输部科技司
21	计量质量	波浪观测仪计量标准技术研究	交通运输部科技司
22	计量质量	基桩动态测量仪计量标准技术研究	交通运输部科技司

发展篇

第七章 公路水运计量发展机遇期

“十三五”是交通运输行业转型升级、全面深化改革的重要时期，计量作为交通运输行业基础性和支撑性工作，同样面临新的形势和发展机遇。公路水运计量发展要坚持以科技引领为先导，深入开展创新型学科建设，不断完善行业计量体系，大力提高环境和设施条件水平，严格履行计量职责，充分发挥计量技术源头作用，彰显行业计量科技服务优势。

一、公路水运计量发展形势分析

1. 公路水运国家计量站的支撑地位

交通运输部历来高度重视行业计量工作，“十二五”期间，公路水运计量基础科研和条件保障实力持续增强，专业计量标准量传溯源体系不断完善，面向市场需求的科技服务能力显著提升，行业计量法规和监管体制逐步完备，具有交通行业特色的计量工作正在稳步推进。

国家计量站是公路水运计量发展的核心支撑。公路水运行业现有 3 个国家专业计量站，即国家船舶舱容积计量站、国家道路与桥梁工程检测设备计量站和国家水运工程检测设备计量站，研究、建立并保存着交通运输部最高计量标准；交通运输部先后发布了《交通部专业计量检定站管理办法（试行）》《交通专用计量器具管理办法》《公路工程试验检测仪器设备计量管理目录》《公路工程试验检测仪器设备检定/校准指导手册》，对交通运输行业国家计量站实施了有效监管。公路水运国家计量站在业务上接受交通运输部科技司和质检总局计量司直接指导和监督管理，主要职能为：专业计量标准的保存、维护和使用，开展计量测试手段和检定方法研究；组织和参加专业计量技术法规制定，承担授权范围内的量值传递和计量服务，负责行业计量溯源体系建立和授权专业项目计量监督管理等。

2. 公路水运计量发展需求

“十三五”是交通运输行业加快转型升级，实施创新驱动发展战略的关键时期，宏观经济以及行业发展的新形势对公路水运计量的发展影响深远。

（1）国家创新驱动发展战略的形势需求

党的“十八大”把实施创新驱动发展战略放在加快转变经济发展方式部署的突出位置，转变经济发展方式，就要把推动发展的立足点转到提高质量和效益上来，通过提高质量和效益来赢得更长时间的可持续发展。计量是质量和标准化工作的基础，经济效益提升的重要技术保证。公路水运计量的发展对于提高交通运输标准化水平、促进交通运输创新发展具有至关重要的作用。

（2）行业科技服务能力提升的形势需求

计量是国家科技服务业的重要组成部分，《国务院关于加快科技服务业发展的若干意见》将交通计量作为“专业科技服务”，是科技信息的关键子系统，“国家加强计量、检测技术、检测装备研发等基础能力建设，加强技术标准研制与应用，发展面向设计开发、生产制造、售后服务全过程的测试、检验、标准、认证等专业科技服务”，为交通计量科技服务市场化发展指明了方向。

（3）行业装备技术革新的客观需求

现代交通科技的发展，促进了行业装备技术革新，产生了大量的多参数、复合量测量设备，也带来了设备溯源、在线检定等新的专业计量测试需求，解决这一问题的关键就需要先进的计量测试技术为手段，完善的计量测试体系和计量管理体系为保障，提升计量工作的整体水平。

（4）公路水运计量机构改革和发展的现实需求

公路水运国家计量站是为行业提供公共服务的标志性窗口，具有履职尽责的法定义务，也担负着为行业提供专业计量科技服务的重任，在新的时期，面临国家经济发展转型和科技市场化服务交织在一起的新形势，如何谋划出一条协同创新的发展思路，从体系服务、技术引领、条件设施、队伍建设等方面全方位制定发展规划，发挥计量在公益、基础、战略领域的主导作用，是公路水运计量当前最突出的现实需求。

3. 公路水运计量发展机遇与挑战

（1）发展机遇

“十三五”时期是经济发展的重要战略机遇期，对公路水运计量而言，也是一个重要的发展机遇期。

从外部环境看，提质增效和服务市场化在有序中发展，计量科技进步日新月异；从公路水运计量行业内部情况看，坚持科技引领技术创新的发展观，突出公益服务，走基础研究道路，全面建设创新型学科，已经成为行业内部的共识。

国务院《计量发展规划（2013—2020年）》提出到2020年，“计量科技基础更加坚实，量传溯源体系更加完善，计量法制建设更加健全，基本适应经济社会发展的需求。”经济和社会发展需求极大地激发计量技术的发展，计量测试技术嵌入到产品研发、制造、工艺控制全过程中，实现关键量准确测量与实时校准，使制造业和高新技术产业和服务业的发展更加适于满足人民改善物质生活和文化生活的需求。

交通运输部组织《交通运输标准化“十三五”发展规划》的编制要求，将计量列为质量的基础、交通标准化工作的基础性工作，单独规划，并对公路水运行业开展公益性计量基础科研大力投入，为公路水运计量的发展提供政策保障和资金保障。与此对应，公路水运计量机构主动调整管理模式，加大学科建设，形成“科研型”机构的发展定位，创造了难得的机遇。

（2）发展挑战

新的阶段，新的机遇，必然面临新的挑战。如何抓住机遇，乘势而上，把法定履职、公益保障和改善科技服务质量放在更加突出的位置，努力实现公路水运计量工作的新突破，不断提升计量工作的地位和作用，是“十三五”期间公路水运行业计量面临的艰巨挑战。

公路水运行业国家计量站的履职尽责是否到位，是关系交通行业公益形象的关键。计量是实现单位统一、量值准确可靠的活动，具有统一性、准确性、社会性和法制性特征，计量科学具有基础性、应用性和公益性属性。依据《法定计量检定机构监督管理办法》，国家专业计量站的主要职责是：根据授权履行研究、建立专业项目的计量标准；承担授权范围内的量值传递和开展计量服务；执行强制检定，开展校准工作；研究起草计量检定规程、计量技术规范；负责行业计量溯源体系建立和承办有关计量监督中的技术性工作。国家专业计量站应始终把履行法定义务和承担政府技术监督的法定责任作为成事之要，努力做到心中有责、履职尽责，为政府公共服务打造一个诚信品牌，为交通运输行业树立一个公益形象。

科技创新是否先进，是行业计量可持续发展的源动力。科技创新服务是新时期应对市场经济结构调整、产业变革的必然举措，要想提升行业计量技术创新能力、科技引领能力，必须要建立起一个适于面向检测设备市场需求的“交通专业计量体系”，而如何建立体系对方兴未艾的公路水运计量实业而言是个极大的挑战。一方面，行业可以借鉴的经验不多，需要自己组建开发团队，自主研发专业计量标准；另一方面，在《计量法》尚在修订的情况下，还要完善专业计量管理法规、技术规范，为政府计量行政监管出谋划策。既要厘清专业计量与社会公用计量的技术界限，又要兼顾国家溯源体系的补充与完善；既要建立一套专业的标准物质、标准方法，维护部门最高标（基）准的设施环境和人员配置，又要开展必要的科技咨询和市场服务，促进行业计量可持续的发展态势。

二、公路水运计量职能定位与发展原则

1. 公路水运计量职能定位

公益属性和计量科技服务特点决定了公路水运计量“十三五”发展的职能定位，既要在符合当前行业发展新形势下，拓展公益服务范围和加强公共服务能力，又要把握好计量专业科技服务方式，为行业建立专业计量体系创造条件。

（1）把公路水运计量建设成为国家计量体系的重要组成部分

通过完善交通专业计量管理法规制度，建立以公路水运国家计量站为主、地方站为辅的计量技术机构组织体系，逐步健全公路水运计量技术法规体系，提升行业计量服务支撑能力。

（2）发挥专业技术量值溯源最高源头作用

大力发展专业计量标准，准确量值统一，集中优势资源营建技术研发平台，建立全国性网络化的溯

源和传递渠道，积极促进公路水运地方检定机构的建立和发展。

（3）建立健全行业计量管理体系

严格履职尽责，做好政府计量监管和政策法规制定的技术支撑，充分发挥公路水运计量对交通运输行业质量和标准化工作的基础保障作用。

（4）促进创新型计量学分支学科建设

兼顾公路、水运等交通专业学科优势和专业计量技术特色，依据公路水运计量的关键科学问题和共性技术，促进创新性学科的建设。

2. 公路水运计量发展思路

以科技创新为发展动力，公益定位为工作核心，行业技术支撑为牵动链条，计量科技服务为主要形式，遵循计量工作发展规律，主动统筹行业计量体系建设布局，提高公路水运计量的核心竞争力，充分发挥计量技术在推动交通运输科技进步、促进国民经济发展和社会公共服务方面的基础保障和技术支撑作用。

（1）夯实公益基础，发展计量学科

持续开展专业计量技术创新和专业计量体系建设，突出跨学科研究优势，培养专业计量研究团队，创建公路水运专业计量学科平台。

（2）加强溯源能力，提升计量水平

制定计量科技研发平台建设长期规划，建设专业性突出、基本量值配套完善的实验室和试验设施，形成功能先进和资源开放型的行业计量实验平台，不断提升满足行业计量溯源需求的能力和水平。

（3）国家站牵头规划布局，协同地方共惠发展

主动发挥国家站行业计量带头优势，强化顶层设计，协助部计量主管部门建立行业计量管理机制，积极筹划行业计量网络布局和职能划分，形成国家站和地方站协同共惠的发展机制，开展多种形式的计量科技服务。

三、公路水运计量发展目标与任务

1. 宏观发展目标

到“十三五”末，基本形成适应国家计量发展要求，面向交通现代化需求和符合计量科学发展规律的专业计量体系；构筑布局合理、资源共享、配置优化的计量科学研究支撑平台；建设高水平、跨学科、复合型科技创新团队；初步具备行业计量科技服务能力；紧密结合交通建设和发展的实际，突破一批重大关键技术，积极促成现有科技成果的转化和应用；全面提升交通运输行业计量的公益支撑保障能力。

2. 具体发展目标

公路水运行业计量在“十三五”末的具体发展目标为：

（1）公路水运新建行业最高计量标准不少于 35 项，计量服务项目不低于 60 项。

（2）公路水运行业国家计量站具备向下一级计量检定机构传递标准能力不低于 25 项。

（3）公路水运计量分别建成不少于 5 个计量科学研究支撑平台，形成 8 ~ 10 个计量创新团队，培养 8 ~ 10 名学术带头人。

（4）公路水运计量对外计量服务能力覆盖全国所有省份。

3. 公路水运计量发展任务

（1）确定发展方向

根据公路水运工程检测设备技术综合性强、装载平台特殊、工作环境复杂等特点，加强建标相关的

科学研究，推进计算机技术、精密仪器、电子信息、公路交通、港口航运、光学、力学等学科之间的融合创新。以公路、水运检测设备的计量溯源为首要服务领域，把握"互联网+"模式下，交通计量工作发展趋势，合理分类布局，强化协同创新，突破公路水运计量研究基础薄弱的"瓶颈"约束。"十三五"期间，在建成实用型计量标准的同时，形成公路交通领域计量标准研究的理论工具和典型模式。

(2)建设专业计量体系

完整的国家计量体系包括三个主要组成部分，即：国家计量法律法规体系；国家计量行政管理体系；国家计量基准和拥有各级计量标准的技术机构所构成的量值溯源体系。公路水运专业计量体系建设将重点围绕部门计量标准及其量值溯源体系的建立与实施开展工作，专业计量体系建设任务主要包括支撑计量标准基础研究的专业计量学科体系建设、支撑计量标准建立和运行的行业标准及规程体系建设，以及计量标准和拥有计量标准的各级计量技术机构所构成的量值溯源体系建设。

工作一：计量学科体系建设

依托交通运输工程现有学科建设经验，加强与国内计量学科知名高校和科研院所的合作与交流，探索学科共建、协同发展的新思路。

任务1：确立公路水运专业计量学科发展定位。研究专业计量学科发展需求，依据国家学科门类划分方式，找准学科体系建设的切入点，适时调整学科人才知识结构。

任务2：探索公路水运计量学科人才培养的快捷模式。建立鼓励计量从业人员深入计量专业知名高校和科研院所深造学习的长效机制，通过在职学习、科研合作、人才交流等方式，培养高层次计量科学研究骨干人才队伍。

任务3：探索与计量学科知名高校进行学科共建的新思路。在人才"引进"和"培养"的基础上，与计量学科知名高校开展学科共建，形成"以应用引导培养，以培养助力应用"的学科人才培育机制。

工作二：标准规程体系建设

着眼于行业计量发展整体规划，利用公路水运行业计量技术委员会，理顺行业标准与检定规程两套体系的关系。推动完善行业标准和部门计量检定规程制修订审核制度，促进形成协调发展的标准规程体系。强化计量检定规程审核的应用导向性。目前，交通运输部门计量检定规程编写与应用脱节的现象异常突出，90%的检定规程存在简单照搬行业标准试验方法的问题，无法直接作为计量建标的依据，重新修订则过程漫长，严重影响建标进度。因此，"十三五"期间必须强化计量检定规程的应用导向性。

工作三：量值溯源体系建设

推进公路水运行业专业计量标准建设，优先建立具有鲜明公路水运行业特色的计量标准储备。加快地方公路水运专业计量技术机构计量标准传递进程，形成以国家计量站为核心和源头的，布局合理的量值溯源体系。

(3)提升科技服务能力

推进公路水运专业计量服务网络建设，加大计量标准技术储备，在制定计量标准传递规则，指导地方专业计量站建设，开展行业计量机构的监督管理等方面，开展创新研究和技术服务，为政府计量主管部门制定行业计量监督管理政策提供技术支撑。为地方专业计量站建立提供传标技术服务，向地方站传递计量标准覆盖一般机构实验室和工地实验室实验项目，逐步形成交通专业计量服务网络。使公路水运专业计量站成为支撑交通行业计量监督管理和科技创新的基础性保障。

充分发挥行业指导作用，调集优势资源，组织大型检测设备的计量标准的研究，并直接提供相关的计量服务。加强计量科学研究成果向下游试验检测仪器设备的推广应用，提升计量器具调修及技术改进服务水平，降低公路水运行业检测系统升级维护整体成本，提升计量业务的公益性服务水平。

第八章 公路水运计量技术新进展

测试技术是计量科学的基础,也是实现科技创新的主阵地。加强前沿测试技术的研究,有利于提高计量测试精度;拓展先进实用的计量测试技术,有利于推动计量测试与公路水运行业发展的深度融合。目前,公路水运行业正值“十三五”发展重要机遇期,深入开展公路水运测试技术的研究是实现创新发展的根本动力和必然要求。

一、公路工程关键参量拟态测试技术

从测试的概念来看，公路工程中很多参量的测试原理都遵循经典的“激励—系统—响应”的动力学模型（图 8-1），在该模型中不论是定则的（确定性的）还是随机的振动问题，概括而言无非是在激励、响应及系统特性的三者之中已知二者求第三者。动力学第一类问题：在激扰条件与系统特性已知的情形下，求系统的响应，这就是所谓的振动分析，又称为响应分析；这类问题是动力学问题的正问题，即由激励和系统求响应。动力学第二类问题：在系统特性与系统响应已知的情形下，来反推系统的输入，这就是所谓振动环境预测，又称为载荷分析，即求激励或振源的参数。动力学第三类问题：在激扰与响应均为已知的情形下，来确定系统的特性，这就是所谓系统振动特性测定，或系统识别（求出系统的参数），又称系统分析。

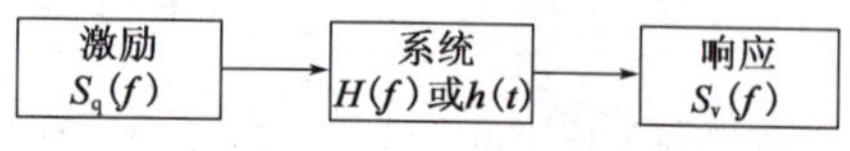

图 8-1 测试的动力学模型

计量测试需要在规定的测试条件下对标准量进行复现，并且要保证稳定性、重复性等计量特性。拟态技术为标准化的复现“激励—系统—响应”过程中的各要素环节提供了适用的方法。拟态，是指综合采用信息技术、自动化及控制技术等对测试过程中的激励、系统及响应的过程进行模拟和复现的技术方法。因此，计量测试中的拟态测试技术又可以分为激励拟态技术、系统拟态技术以及响应拟态技术。

例如，落锤式弯沉仪测试过程中，荷载设备向路面结构提供动荷载激励，然后弯沉传感器测试路表的响应弯沉，这种响应是一种标准化的响应。那么，在对弯沉量值的溯源过程中，如何精准地复现这种响应过程就成为一个关键技术问题。响应拟态需要解决三个问题，即拟态响应过程的规律问题、拟态手段与方法问题以及装置的控制问题。拟态手段必须为一种精度高、稳定性好的方法，对于变形类响应过程拟态的手段可以包括普通伺服电机、特殊材料致动器（例如，压电陶瓷致动技术可以提供纳米级精度、高灵敏度、高频率、连续可控的变形）或者混合动力伺服电机（图 8-2）等。

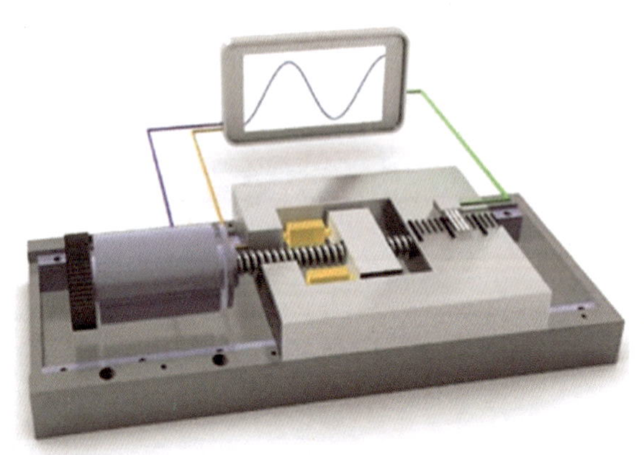

图 8-2 基于压电陶瓷致动技术的混合动力伺服电机

简言之，拟态技术是联系参量的测量模型与后续不确定度评定的纽带。提出一种合理的拟态测试方法可以反馈并改进测量模型，也可以很好地消除测试结果的不确定分量水平，因此研究工程参量计量测试的拟态技术具有重要意义。

二、交通基础设施服役性能远程在线计量及交互技术

安全、高效、节约、环保是世界各国对于交通基础设施工程建设及运营维护工作的共同要求。为了实现这一目标，目前普遍依靠各种先进的监测（检测）手段实现对基础设施服役性能状态的实时感知，从而为制定最优化的维护策略提供依据。基于现代计量技术，对重要感知信息实现溯源和交互，保障信

息数据的准确性、可靠性、稳定性及适用性,从而能够为后续工程决策提供基础性支撑。隧道桥梁安全感知信息系统案例如图 8-3 所示。

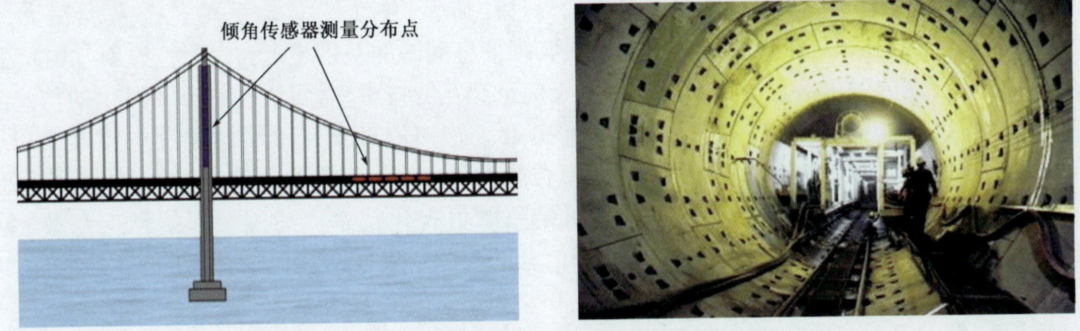

图 8-3 隧道、桥梁安全感知信息系统案例

1. 重要感知信息远程在线计量关键技术

基础信息数据是系统对外服务的基础,量值溯源性是决定数据质量的关键。基础设施服役性能感知信息数据主要来源于数据采集终端(传感器),经过网络传输、算法处理和分析过程后,进入系统决策模块或直接输出给用户。要实现信息系统输出结果的准确可靠,首先要保证数据采集终端(传感器)所采集的数据的准确性、溯源性。若信息系统所用传感器不能进行定期的量值溯源(检定或校准),系统将逐渐成为信息孤岛,所提供的输出信息或决策结论将与实际情况不相符合。然而,信息系统作为复杂的软、硬件交互系统,量值溯源尚存在诸多问题,例如数据采集传感器过于分散,无法采用传统的计量溯源模式;仪器和系统软件高度融合,界限不清晰,系统设计往往忽略第三方测试接口,量值溯源难以实施;系统设计期往往过分关注功能实现而忽略量值溯源的可行性;针对专用信息系统的在线计量技术尚未成熟等。因此,必须针对这些问题开展感知信息溯源技术的研究。

感知信息溯源包括数据量值溯源、数据来源溯源以及数据处理标准溯源,具体内容包括:①信息系统数据采集终端(传感器)准确性在线诊断与溯源验证;②传感器运行故障实时智能诊断;③计量用参考传感器接口标准化;④计量用参考数据采集终端(传感器)研制;⑤主动激励条件下的数据溯源性在线分析。基础设施感知信息系统物理结构组成如图 8-4 所示。

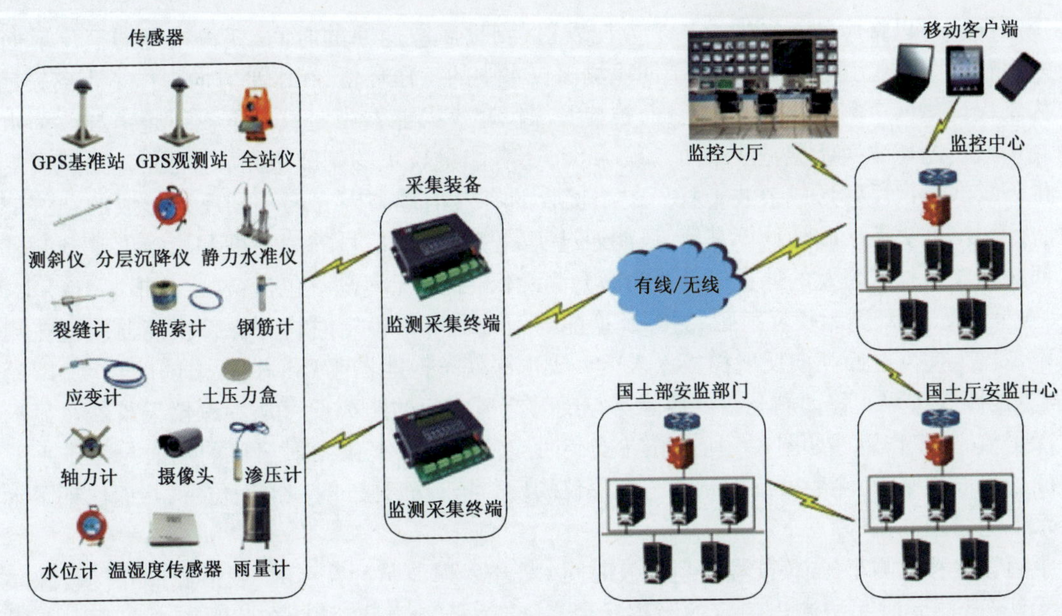

图 8-4 基础设施感知信息系统物理结构组成

2. 感知信息交互技术及平台构建

目前，重大基础设施服役性能感知系统获取的信息种类多、来源多、传输手段多、数据量巨大，需要一套可靠的技术、设备和系统予以集成和管理。在实现信息溯源的基础之上，在评价、诊断、试验、决策、保障等技术中需要充分融入信息的交互。这些基于信息交互的技术，需要依托一个可视化的信息系统平台予以集成，以便提供科学、高效、可靠的辅助决策。感知信息交互及平台建设主要实现以下几个方面：①溯源信息交互的维护管理系统结构和功能设计；②全息数据的管理及数据库设计；③维护辅助决策自动化实现技术；④全息数据及分析结果的可视化技术。通过全程信息交互技术及其平台构建，最终实现各种基础设施服役性能状态信息的溯源及融合，为科学养护决策的实现提供技术途径。

总而言之，针对重大基础设施工程服役性能感知信息的溯源及交互技术是基于现代计量技术的一种新的技术理念和途径。该技术的研发和推广有利于提高基础设施工程的养护管理水平，也为合作项目中各参与方实现信息共享与合作提供了有效途径。

三、基于检定水槽与模拟标准装置的回声测深仪计量测试技术

回声测深仪主要用于交通水运工程港口、航道、码头区域内测量水深，在水运工程的勘察、规划、设计以及水道港口改扩建工程中拥有广泛的应用。回声测深仪水深测量准确与否，对船舶的航行安全和航道清淤工程量结算，具有较大影响。同时，由于长江三峡等大型水利工程建设，内河航道水深不断增长，海洋经济发展同样也对深水测量提出了更高的要求，因此建立一套完善的水深计量检定装置迫在眉睫，回声测深仪检定装置的建立将满足水运工程建设日益增长的急需。

回声测深仪检定装置主要由两个部分组成：基于检定水槽的测深仪检定装置和测深仪模拟器标准装置。

（一）基于检定水槽的测深仪检定装置工作原理及组成

回声测深仪可以将声波在水中沿某个方向发射，测量声波返回的时间，获得换能器至反射面的距离，从而获得水深数据。检定水槽提供了回声测深仪水中的工作环境，在水平方向提供了距离较远的反射面。为了提高对回声测深仪检定的范围，被检测深仪超声换能器由竖直向下发射超声波改为水平横向发射超声波。超声波换能器主波束角一般为 8°，还有能量较小的副波束角，它们在碰到不同界面时都会产生一次或多次反射形成杂波干扰。主波接收的有效信号和因介面不同反射形成的杂波信号其信/噪比极其复杂，更无法确切计算其值，只能通过实际测量有用信号的清晰度和稳定度来判断其影响程度。回声测深仪检定装置的计量标准器为激光测距仪，主要配套设备包括：检定水槽（75m × 1.5m × 1.5m）、测深仪反射板、测距仪反射靶、测车及换能器定位器等。检定时将测深仪换能器固定在测车的换能器定位器上使发射面朝向反射挡板深入至 1/2 水深处。换能器与反射挡板之间的长度（即模拟水深）由激光测距仪读取。移动测车改变换能器与反射挡板之间的距离便可从测深仪记录器及显示器上读取水深示值，其工作原理如图 8-5 所示。在安装时应使激光测距仪发射窗口前端面与位于水下的换能器表面处在同一平面，测距仪反射靶面与测深仪的反射挡板面处于同一平面位置，从而保证了水面上距离与水下测量距离相等。

近距离缓慢移动测车，当换能器反射回波时间 t 等于发射波脉冲宽度时，发射脉冲和接收脉冲在显示器上无法分辨，此时无法测出稳定的距离示值，该点为最小测量深度，在此距离内即为回声测深仪盲区。

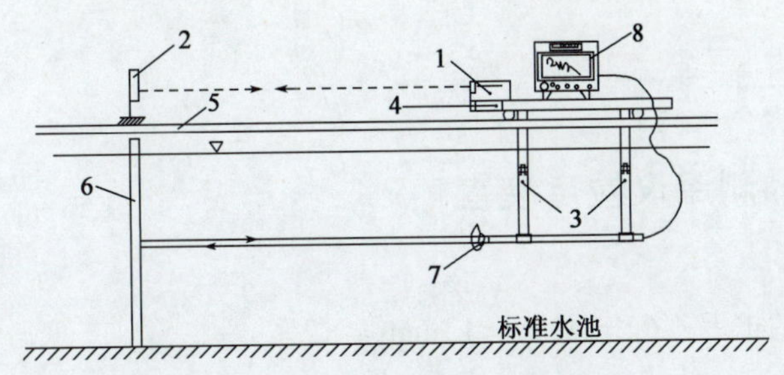

图 8-5　测深仪计量标准工作原理图

1-激光测距仪；2-激光反射靶；3-换能器定位器；4-测车；5-运行导轨；6-测深仪反射挡板；7-测深仪换能器；8-回声测深仪

（二）测深仪模拟器标准装置工作原理及组成

测深仪模拟器可直接接到测深仪换能器接口，测深仪模拟器是用模拟信号发生器调节脉冲延时的方法，将模拟回波信号作为测深回波显示深度变化，以设定深度与测深仪示值进行校准比对。测深仪模拟器标准装置工作原理如图 8-6 所示。

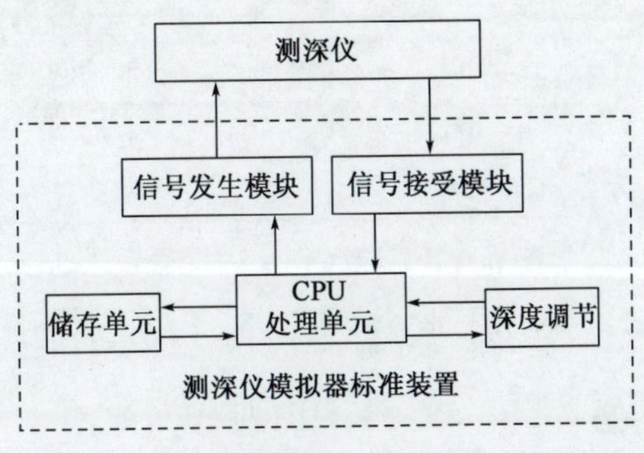

图 8-6　测深仪模拟器标准装置工作原理图

（三）计量标准器及主要配套设备

计量标准器及主要配置设备包括手持式激光测距仪、温度计、测深仪模拟器及标准水槽，如表 8-1 所示。

表 8-1　标准器及配套设备

名称		型号	测量范围	不确定度或准确度等级或最大允许误差	制造厂及出厂编号	检定或校准机构	检定周期或复校间隔
计量标准器	手持式激光测距仪	A6	0.05～200m	2 级	奥地利徕卡/5082160483	国家光电测距仪检测中心	1 年
	工作用玻璃液体温度计	棒状	0～50℃	MPE：±0.2℃	天津玻璃仪器厂/56	天津计量监督检测科学研究院	1 年
	测深仪模拟器	DSTS-4A-3	0～300m	$U = 11\text{mm}, k = 2$	EDI/973－807	天津计量监督检测科学研究院	1 年
配套设备	检定水槽	自建	0～75m	—	自建专用	—	—

（四）计量标准的主要技术指标

1.基于检定水槽的测深仪检定装置

（1）测量范围：0～40m。

（2）测深仪检定装置的扩展不确定度：$U=13\text{mm}$，$k=2$。

2.测深仪模拟器标准装置

（1）测量范围：0～300m。

（2）测深仪模拟器标准装置的扩展不确定度：$U=11\text{mm}$，$k=2$。

（五）环境条件

环境条件见表8-2。

表8-2 环境条件

序号	项目	要求	实际情况	结论
1	室温	5～40℃	5～32℃	合格
2	水温	0～40℃	6～25℃	合格
3	相对湿度	不大于75%	不大于75%	合格

四、基于恒温水槽与压力标准装置的声速剖面仪计量测试技术

声速剖面仪是一种能够测量声波在液体中的传播速度的水声仪器，它通常采用环鸣法直接测量固定距离内声信号的传播时间来计算声速，同时通过其自身的温度及压力传感器，测量液体的温度和垂直深度，从而达到剖面测量的目的。

在水运工程水文测绘领域，越来越多的声呐设备被应用于水下测量。这些声呐设备在实际使用过程中，需要测量水中的实际声速，以对声呐设备的测量系统进行修正来提高测量精度。在早期的水运工程测绘项目中，都采用温度—声速关系表来估算水中的标准声速。随着科学技术水平和工程质量要求的不断提高，作为一种可以准确测量水中不同剖面的声速测量设备，声速剖面仪在水运工程各种测量中得到了广泛的应用，水运工程需求量较大，使用单位或客户的检定需求十分迫切。目前，声速剖面仪已经成为水运工程、海洋调查、国防应用与研究等领域必不可少的设备，其测量结果的准确度，直接影响到单波束、多波束、侧扫声呐等设备的数据结果，对河道整治、水底地形勘探以及清淤工程量结算等工程都有较大的影响，是水运行业亟待开展量值溯源的测量设备。

目前，水运行业的声速剖面仪缺少统一规范的计量检定手段，观测数据质量存在较大隐患。声速剖面仪的计量建标建立，拥有的重要意义有：完善水运工程计量体系建设，为声速剖面仪的量值溯源、计量管理提供技术保障；为声速剖面仪在水运工程领域的标准化的实施，提供强有力的技术支持；提高施工、测绘过程中声速测量的准确度，为确保工程质量做主要技术支撑。

（一）计量标准的工作原理及其组成

声速剖面仪检定装置，分声速检定装置和水深检定装置两部分。声速检定装置由温度测试仪器计量标准组成，包括标准铂电阻温度计、数字多用表和恒温水槽；水深检定装置由压力测试仪器组成，包括

数字精密压力表和手持式气体压力泵。

(1)声速检定装置的工作原理及组成

声速是一个导出量,无法直接定义或复现这个量值,需要通过间接法获得溯源途径。水中声速采用公式计算获得。声速剖面仪的声速检定装置由标准铂电阻、数字多用表和恒温水槽组成。在检定过程中,将声速剖面仪放置在恒温水槽中,使用标准铂电阻测量水槽中纯水温度。使用数字多用表测量标准铂电阻的电阻值,通过电阻和温度转化值表计算获得纯水的标准温度。声速检定标准器的布置情况如图 8-7 所示。

在纯水声速公式中,声速仅与温度有关。采用这样的公式可以大大减少声速公式中的影响因素,降低检定过程中的操作难度,并提高检定的准确度。

(2)水深检定装置的工作原理及组成

声速剖面仪的计量标准难以提供水深的标准值,可以提供压力的标准值。现有声速剖面仪的水深测量大多采用压力传感器进行水深转换。因此声速剖面仪水深计量标准是以压力标准仪器为基础建立,将水深值转化为压力值与标准值进行比较。水深检定标准器布置图如图 8-8 所示。

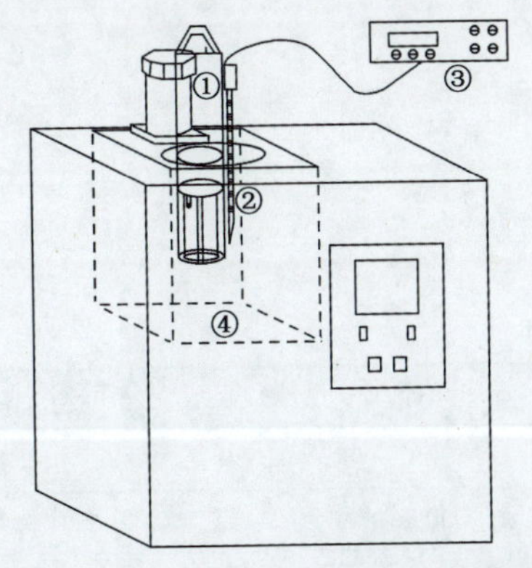

图 8-7　声速检定标准器布置情况图

①-声速剖面仪;②-标准铂电阻温度计;③-数字多用表;④-恒温水槽

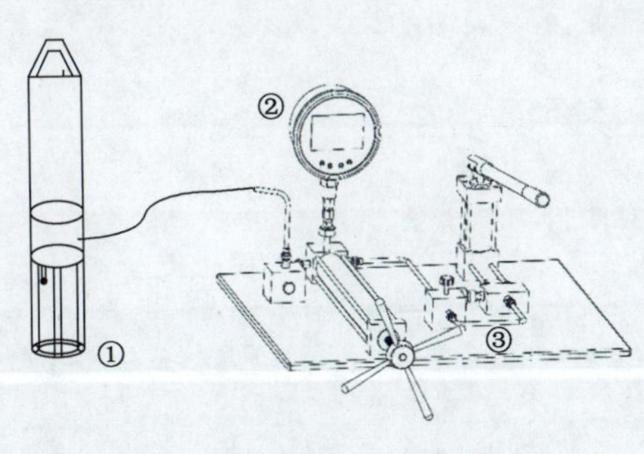

图 8-8　水深检定标准器布置图

①-声速剖面仪;②-数字精密压力表;③-手持式气体压力泵

(二)计量标准器及主要配套设备

计量标准主要设备及要求见表 8-3。

表 8-3　计量标准器及设备

名称		型号	测量范围	不确定度或准确度等级或最大允许误差	制造厂及出厂编号	检定或校准机构	检定周期或复校间隔
计量标准器	标准铂电阻温度计	CST6601－2	0～100℃	二等	北京康斯特仪表科技股份有限公司 10647	华北国家计量测试中心	两年
	数字精密压力表	SPMK700/0～1MPa	0～1MPa	0.02 级	北京斯贝克科技有限责任公司 S13700092	天津市计量监督检测科学研究院	一年
	数字多用表	2000 型	0～1kΩ	±(0.015%RD＋0.005%F·S)	KEITHLEY 0735498	天津市计量监督检测科学研究院	一年
主要配套设备	恒温水槽	CST4001－5	0～40℃	MPE:±0.02℃	北京康斯特仪表科技股份有限公司 4151404010	天津市计量监督检测科学研究院	一年

(三)计量标准的主要技术指标

1. 温度测试仪器计量标准

(1)标准铂电阻温度计

①测量范围:0 ~ 100℃。

②准确度等级:二等。

(2)数字多用表

①测量范围:0 ~ 1kΩ。

②最大允许误差:$U = 7 \times 10^{-5}$, $k = 2$。

2. 压力测试仪器(数字精密压力表)计量标准

①测量范围:0 ~ 1MPa。

②准确度等级:0.02 级。

(四)环境条件

环境条件见表 8-4。

表 8-4 环境条件

序号	项目	要求	实际情况	结论
1	环境温度	(20 ± 2)℃	20℃	合格
2	相对湿度	不大于 80%	60%	合格
3	水温	0 ~ 40℃	0 ~ 40℃	合格

附录 A

交通运输标准化“十三五”发展规划

中华人民共和国交通运输部

二〇一六年一月

前　言

“十三五”是交通运输转型升级、提质增效的关键期。面对新形势、新任务，交通运输发展必须坚持以“四个全面”为统领，坚持创新、协调、绿色、开放、共享的发展理念，贯彻落实“使交通真正成为发展先行官”要求，加快综合交通运输体系建设，提高交通运输服务品质，提升行业治理能力和水平。标准化是交通运输行业发展的技术性基础工作，是实现科学管理的重要手段，是促进技术进步、提高经济效益的有力保障，在服务、支撑和引领行业发展方面具有重要意义。为统筹推进行业标准化工作改革，完善标准体系，强化标准实施，全面提升交通运输标准化水平，制定本规划。

规划编制以国务院关于深化标准化工作改革精神为指导，依据国务院《深化标准化工作改革方案》《质量发展纲要（2011—2020 年）》《计量发展规划（2013—2020 年）》和《国家标准化体系建设发展规划（2016—2020 年）》等，按照综合交通运输“十三五”发展规划的总体部署，明确了“十三五”标准化工作的指导思想、基本原则和发展目标，提出了管理制度机制建设、强制性标准制修订、推荐性标准制修订、标准国际化、标准实施、计量体系建设、工程产品和服务质量监督、标准化基础能力建设八个方面主要任务，指导“十三五”交通运输标准化工作。

一、现状与形势

(一)发展基础。

改革开放以来,特别是“十二五”期,交通运输标准化工作深入贯彻国家和行业标准化工作战略部署,在规范市场秩序,提升工程、产品和服务质量方面发挥了积极作用,全面促进了交通运输业持续快速发展。

标准化管理体系基本建立。成立了交通运输部标准化管理委员会,指导交通运输技术标准体系建设,统筹协调衔接各种交通运输方式标准和重大事项。构建了26个覆盖交通运输主要领域的标准化专业技术组织,凝聚了一大批从事标准化工作的人才队伍。制定了较为全面的铁路、公路、水运、民航和邮政领域的标准化管理制度,为交通运输标准化工作提供了制度保障。

技术标准体系逐步完善。构建了较为完善的铁路、公路、水运、民航和邮政技术标准体系,发布了综合交通运输、交通物流、信息化、工程建设、道路运输、城市客运等重点标准体系。在高速铁路、公路工程、水运工程、城市客运、运输服务、邮政快递、安全应急、节能环保等领域,加大急需标准的制修订,现行有效标准达到3200余项,满足了行业发展的迫切需求。

质量保障体系得到加强。在工程建设资质管理、项目审查、质量监督、工程验收等环节,通过标准实施效果评估、工程及产品质量监督抽查等手段,强化了现行有效标准实施。发布了重点监督管理产品目录,连续多年对道路沥青、公路护栏、电子不停车收费(ETC)设备、北斗导航车载终端等重点产品开展了质量监督抽查。成立了国家道路与桥梁工程检测设备计量站、国家水运工程检测设备计量站和国家船舶舱容积计量站等,初步形成了行业计量量传溯源体系。

标准国际化工作得到推进。积极参加国际标准化组织(ISO)等国际标准化活动,主持制定国际标准20余项。组织编译出版110余本交通运输标准规范外文版,并在海外工程项目中使用,推进了交通运输标准“走出去”。组织编译出版《国外道路最新技术与标准规范译丛》,为国内企业引进、消化、吸收国外先进技术与规范提供了重要样本。

但是,与国务院深化标准化工作改革要求和行业发展需求相比,交通运输标准化工作还存在一些不足。一是对行业标准化工作重要性的认识还不到位。二是标准体系有待进一步健全,标准总量、质量尚不满足行业发展需求,综合交通运输等重点领域标准制修订急需加快。三是标准实施监督机制有待完善。四是标准化人才队伍能力和水平有待提高,经费保障有待落实。

(二)形势要求。

“十三五”期,是全面建成小康社会的决胜阶段,是推进“一带一路”、京津冀协同发展和长江经济带三大战略的重要时期,也是交通运输发展的重要战略机遇期,迫切需要紧贴经济社会和交通运输发展需求,从促进行业提质增效升级出发,充分发挥市场主体活力,聚焦突出问题,进一步加强标准体系建设,发挥标准化的技术性基础作用。

——深化交通运输改革,推进行业治理体系和治理能力现代化,需要发挥好标准的规制作用,推动创新发展,依据标准加强事中事后监管,推动管理方式从重审批转向重规章、重标准。推动建立统一市场体系,保障公平竞争,需要发挥好标准的杠杆作用,健全协调配套、开放透明的标准体系,维护市场的健康发展。

——统筹铁路、公路、水运、民航以及邮政行业发展,建设综合交通运输体系,需要发挥好标准的衔接作用,推动协调发展,通过标准促进各种运输方式深度融合,推动信息化智能化技术在综合交通运输中的深度应用,发挥组合效率和整体优势。

——推进安全生产和节能环保,实现交通可持续发展,需要发挥好标准的门槛作用,推动绿色发展,在规划、建设、运营、养护等环节严把准入关,推动标准升级,有效提高安全生产管理和环境保护、资源利用水平。

——促进交通运输质量发展，推动转型升级，需要发挥好标准的支撑作用，加强国际合作，推动开放发展，夯实标准、计量、认证和检验检测等质量基础，提升工程、产品和服务质量水平。

——提高交通运输服务水平，保障经济发展和百姓出行，需要发挥好标准的引领作用，推动共享发展，以标准优化运力结构，完善服务配套设施，创新运输组织模式，延伸服务链条，全面提升交通运输供给能力和运行效率。

二、总体思路

（一）指导思想。

全面贯彻党的十八大、十八届三中、四中和五中全会精神，坚持创新、协调、绿色、开放、共享的发展理念，深入落实国务院深化标准化工作改革的总体要求，以满足交通运输发展需求为主线，统筹推进标准、计量、质量监督体系建设，完善政策制度，优化技术体系，强化实施监督，夯实质量基础，提升国际化水平，充分发挥标准化对交通运输发展的支撑和保障作用。

（二）基本原则。

改革引领。加强顶层设计和统筹协调，突出政府在强制性、基础性、公益性标准中的主体作用；更多地发挥市场对标准化资源配置的作用，培育发展团体标准，放开搞活企业标准；强化社会监督，创新交通运输标准化工作新格局。

突出重点。找准交通运输标准化工作的主攻方向和着力点，推进综合交通运输、安全应急、运输服务、工程建设与养护、信息化、节能环保等重点领域标准制修订，满足行业提质增效升级的迫切需要。

系统推进。加强标准与法律法规、政策措施的协调衔接，推动科技成果及时转化为标准，提高标准制定、实施与监督的系统性和协调性，加强计量、检验检测、认证认可等能力建设，全面提升行业标准化发展的整体效益。

开放融合。拓展交通运输标准化发展的国际视野，深化对外合作与交流。接轨国际标准和国外先进标准，提高我国标准与国际标准一致性程度。着力推动特色优势领域技术和标准的国际化进程，提升交通运输行业国际影响力和企业核心竞争力。

（三）发展目标。

到2020年，建成适应交通运输发展需要的标准化体系（体系框架见下图），标准化理念深入普及，标准先进性、有效性和适用性显著增强，计量、检验检测、认证认可能力显著提高，标准化人才队伍素质明显提高，国际标准化活动的参与度与影响力明显提升，标准化对交通运输科学发展的支撑和保障作用充分发挥。

——标准化制度机制。政府主导制定的标准与市场自主制定的标准协同发展、协调配套，标准制修订、实施监督和保障机制更加完善。

——标准制修订。完成强制性标准梳理工作，在工程建设、安全应急、节能环保方面，完成重点强制性标准制修订60余项；完善基础通用、与强制性标准相配套的推荐性标准，在综合交通运输、安全应急、运输服务、工程建设与养护、信息化、节能环保等领域，完成重点推荐性标准制修订800余项。

——计量体系。在动态测量、远程测试、无损检测、多参数集成测试等量传溯源方法研究上取得新突破。完成公路、水运计量技术规范60余项，部门最高计量标准取得授权的数量30余项。

——质量监督。完成公路水运工程质量监督规定、公路水运工程安全生产监督管理办法、交通运输

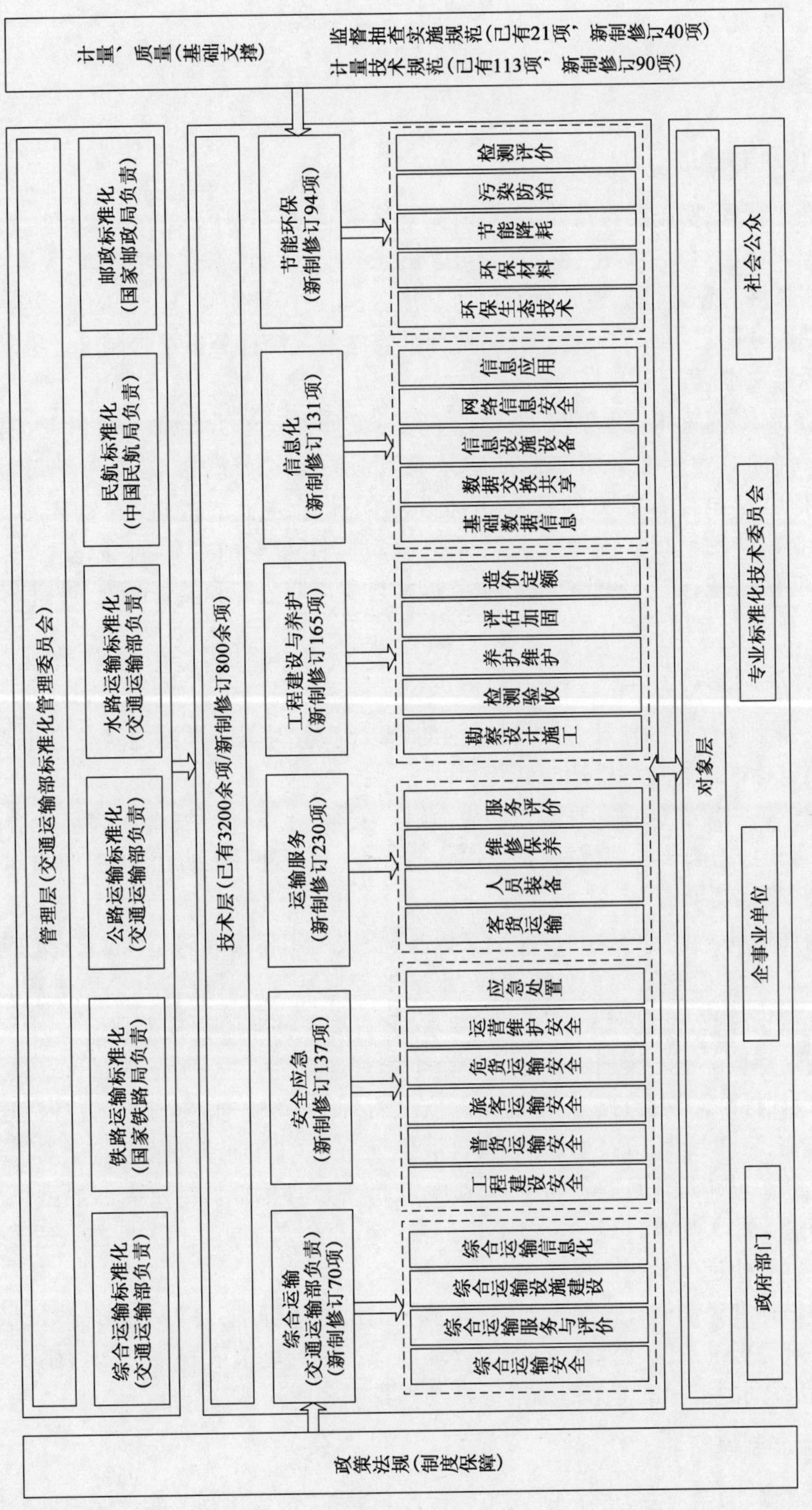

交通运输标准化体系框架图

产品质量监督抽查管理办法等修订工作。工程、产品和服务质量监督相关机制更加完善，制定产品质量监督抽查实施规范 40 余项。

——标准化基础能力。形成政府、企业、学会协会、科研机构等多方共建、协同推进的标准化工作平台和工作格局。

三、重点任务

（一）管理制度机制建设。

研究制定标准化管理、实施监督及评估办法，完善标准制修订程序，建立标准审查责任制，规范标准化工作各环节管理。强化对专业标准化技术委员会的考核管理。探索建立标准化成果奖励制度，调动标准化工作者的积极性和创造性。建成标准化信息平台，实现标准制修订过程的在线管理和信息共享，提高标准信息公共服务能力与水平。建立强制性标准实施情况统计分析报告制度。推动免费向社会公开公益类推荐性标准文本。

加强政策创新、制度创新和技术创新，鼓励地方结合实际制定地方标准。充分发挥市场主体的积极性和创新活力，推动企业标准和团体标准的培育和发展。选择智能交通产业联盟、公路学会等具有法人资格和相应专业技术能力的社会团体开展团体标准示范试点，探索团体标准制修订程序，及与国家、行业标准的衔接。支持交通运输企业实质性参与国内外标准化工作。鼓励企业制定具有竞争力的企业标准，建立企业产品和服务标准自我声明公开和监督制度，推进落实企业标准化主体责任。

（二）强制性标准制修订。

组织开展现有强制性标准的梳理，对不再适用的予以废止，对不宜强制的转化为推荐性标准，对需要上升为强制性国家标准的行业标准适时转化。

强制性标准应严格限定在保障人身健康和生命财产安全、生态环境安全和满足社会经济管理基本要求的范围内，具有充分的法律法规依据，技术内容与安全、健康和环保直接相关，具有可操作性和可验证性，能够保证强制执行效果。

工程质量强制性标准。制定公铁并行及交叉设施、公铁两用桥梁和隧道等综合交通运输复合通道相关工程技术标准。制修订铁路工程、公路路线、水运工程地基等设计规范和公路工程、水运工程质量检验评定标准，制定工程耐久性设计及施工强制要求，修订高速铁路验收技术规范。

安全应急强制性标准。制定交通运输企业安全生产管理系列标准，制定铁路、公路、水运等工程建设风险管理、安全设计标准。制修订公路隧道运营安全管理、公路交通安全设施设计，以及道路、内河、港口危险货物的包装、装卸、运输等技术要求，修订液化气、石油化工码头安全作业规程。修订道路交通标志标线、导助航标志、道路运输危险货物车辆标志、航行警告等标准。制定内河船型尺度标准。制修订船员职业安全与健康相关标准，以及潜水员、水上救生员安全作业规程相关标准。适时修订邮政业安全生产设施设备配置和快递安全生产操作相关安全标准。

节能环保强制性标准。制修订铁路声屏障、环境保护设计等标准，修订公路环境保护设计、公路建设项目环境影响评价等标准规范，制修订水运工程环境保护设计规范。制修订港口码头单位产品能耗限额、快递封装用品系列国家标准等节能标准。推动修订船舶防污染等标准。

（三）推荐性标准制修订。

加强综合交通运输、安全应急、运输服务、工程建设与养护、信息化和节能环保领域的推荐性标准制修订，支撑安全便捷、畅通高效、绿色智能的综合交通运输体系发展。

推荐性标准主要包括基础通用，与强制性标准相配套的国家推荐性标准，以及能够满足行业重要产品、工程技术、服务和管理需求的行业推荐性标准。

综合交通运输领域。着力推进铁路、公路、水运、民航和邮政领域，涉及两种及以上运输方式协调衔接和共同使用的标准制修订，主要包括综合客货运枢纽、旅客联程运输、货物多式联运、载运工具及换装设备、综合运输统计与评价等方面。

重点领域一：综合交通运输

综合客货运枢纽：术语，通用技术要求，服务功能与规范，分类分级，导向标识标线，安全应急通用规则，换乘区域设施设备配置要求，转运设施设备配置要求等。

旅客联程运输：行李包裹事故代码，站名代码共享规则，服务流程规范，服务质量要求，客票及行李票样，电子客票等。

货物多式联运：多式联运规则，运单、提单、经营人基础通用要求及服务质量评价，配载单元标识信息数据格式，邮件快件民航铁路运输交换操作要求和信息交换规范、货物代码等。

载运工具及换装设备：铁路联运半挂车标识，载货汽车、滚装船跳板技术要求，基于标准装载单元的多式联运专用载运装备和快速转运设备技术要求，多式联运可拆卸式货箱标识、尺寸设计要求及试验规程，驼背运输换装设备设施技术要求，半挂车专用滚装船设计规范等。

综合运输统计及评价：旅客联程运输及货物多式联运运量计算方法，综合交通运输经济社会、节能减排效益评价等。

安全应急领域。安全应急推荐性标准包括鼓励采用的安全管理、评估技术，以及推荐的工艺技术及操作规程等。着力推进交通运输设施运营安全监管、旅客运输、危险品货物运输和突发事件应急处置的标准制修订，主要包括运营安全管理、旅客运输、危险品运输、道路清障救援、海上救助打捞、溢油及化学品事故应急处置管理等方面，以及在役公路、道路危险货物运输，公路水运桥隧建设项目，港口危险货物罐区等领域的重大事故隐患评估技术标准。

重点领域二：安全应急

运营安全管理：道路旅客运输企业安全管理规范，港口安全生产监管规范，城市轨道交通运营安全评价规范，公共汽电车运营安全管理规范，城市轨道交通设备设施维护与更新管理规范等。

危险货物运输：特殊危险化学品内河运输安全风险评估导则，空运危险品包装测试规范等。

水上救助打捞：直升机救生安全规程及救生装备配置要求，特殊环境条件下的潜水作业规程，大深度、大吨位、复杂条件打捞作业安全规程等。

溢油事故应急处置：港口码头溢油遥感监测应用技术规范，港口码头溢油应急设备配备要求，船舶污染清除作业单位应急能力要求等。

运输服务领域。着力推进运输服务基础条件、运输服务作业程序、运输装备技术和运输服务质量的标准制修订，主要包括客货运输服务、货物运输作业、客货运输质量、运输设施与设备、城市公共交通、汽车维修与后市场服务、从业人员培训、服务评价与投诉以及信用评级等方面。

重点领域三：运输服务

客货运输服务：合作式智能运输系统服务，城市配送公共信息平台建设指南及运营规范，道路冷链运输、零担运输等服务规范，货物运输跟踪与监控系统，公共航空运输航班超售处置规范，快递冷链服务规范等。

运输设施与设备：道路货运车型标准化系列标准，客车驾驶员疲劳警告系统技术要求，智能集装箱通用技术要求，快递服务专用车型系列标准，多挂汽车列车运行技术要求等。

城市客运服务：城市轨道交通运营技术规范、行车组织规则，公共汽电车场站配置规范，混合动力、天然气公共汽车配置要求，预约出租汽车服务规范，城市公共自行车交通系统技术要求等。

汽车维修与后市场服务：汽车维修结算清单规范格式，汽车电子健康档案系统技术规范，汽车维修救援服务规范，汽车绿色维修指南，新能源汽车维修技术规范，汽车保修设备技术要求，汽车维修及汽车后市场发展评价指数等。

服务评价与投诉及信用评级：交通运输服务监督电话业务流程、总体技术要求、运行质量评价、业务分类及编码规则，道路水运货物运输服务质量评定，汽车维修服务质量评价，城市公共交通乘客满意度评价方法，邮轮运输服务质量评定、邮轮载运旅客满意度评价方法，公共航空运输消费者投诉处理规范，快递服务质量测评规范，道路运输、水路运输、城市客运等领域的信用相关标准规范等。

工程建设与养护领域。工程建设与养护推荐性标准是在工程质量强制性标准基础上，鼓励实施的设计规范、施工养护技术、检测评价方法和工程定额等标准。着力推进铁路、公路、水运工程建设与养护技术标准的制修订，主要包括特殊设计、精细化施工管理、运营养护、检测评估等方面，推动工程建设领域信用相关标准规范的制修订。

重点领域四：工程建设与养护

勘察设计施工：铁路自然灾害及异物侵限设计标准，公路长寿命沥青路面技术规范，公路隧道施工技术规范，公路水运工程建筑信息模型（BIM）和信息数据编码规则标准，工程耐久性标准，快件处理场所设计指南等。

运营养护：铁路基础设施运营维护标准，公路隧道加固定额，通航建筑物养护标准，航道养护工程定额，内河航道维护技术规范，城市轨道交通主体结构运营监测与评价方法等。

检测评估：铁路路基支档结构、混凝土检测规程，公路桥梁耐久性检测评定规程，航电枢纽检测与安全评估标准，水运工程水工建筑物原型检测与评估标准等。

信用评价：公路水运工程咨询单位信用评级、运营养护企业信用评级、施工企业（行为）信用评级、监理企业信用评级、试验检测机构信用评级等。

信息化领域。着力推进综合交通运输基础信息交换共享、新一代信息技术共性应用、网络与信息安全保障等领域的标准制修订。主要包括基础数据信息、数据交换共享、基础设施设备、网络与信息安全、信用信息标准等方面。

重点领域五:信息化

基础数据信息:交通信息资源核心元数据,交通信息资源标识符编码规则,交通公安信息数据元标准,快递营业场所等基础数据元等。

数据交换共享:交通运输信息资源开放共享目录、物流公共信息平台互联共享、信息资源互联共享技术指南、空间信息应用共享交换,内河航运数据共享技术规范,集装箱铁水联运数据交换,港口物流作业数据交换技术要求,海上溢油应急数据交换规范,海上安全信息数据交换,航标数据交换,快递服务制造业信息交换规范等。

基础设施设备:交通运输物联网标识编码规则,交通运输电子政务云平台建设技术指南,交通无线传感网络通信与布设要求,船联网终端设备技术要求,车路协同系统系列标准,民用车船载北斗卫星导航终端设备技术要求,北斗 AIS 系统技术要求,基于北斗卫星定位系统的重点桥梁、边坡和隧道安全监测系统标准,水上无线电通信设备技术等。

网络与信息安全:交通运输行业信息系统安全等级保护实施技术指南,交通无线传感网络安全技术要求,邮政业信息系统安全等级保护基本要求等。

信用信息标准:信用信息格式、信用信息分类、信用信息编码等。

节能环保领域。节能环保推荐性标准是对行业环境保护和污染物排放控制具有一定影响,与节能环保强制性标准配套使用的管理和产品标准。着力推进交通运输环保监测与评估、环保材料应用,以及规范产品能效和排放管理的标准制修订。主要包括环境保护评价、环境保护监测、材料循环利用、耗能产品设备能效、节能减排评价、污染排放等方面。

重点领域六:节能环保

监测与评估:交通运输环境污染治理设施运行监测技术规范,公路工程水土保持监测技术要求,港口环境质量监测技术规范,交通运输规划环境影响评价技术规范、绿色交通设施评估技术标准,交通运输环境保护统计指标及计算方法、环境后评价规范等。

材料循环利用:路用煤矸石技术要求,道路废弃物再生利用装备技术要求,工业废渣用路面材料技术要求、分级体系,邮政封装用品系列标准等。

能效与排放:营运车辆能效与 CO_2 排放等级及评定方法,港口用能设备能效等级及评价方法,港口能耗在线监测技术规程、港口能源计量器具配备与管理规程,船舶污染物排放标准及监测技术规范、港口企业碳排放核查技术导则,煤炭矿石码头粉尘控制设计规范、水运工程建设项目节能评估规范、码头油气回收设施建设技术规范、液化天然气码头设计规范和液化天然气加注码头设计规范等。

(四)标准国际化。

加强国际标准跟踪、评估以及中外标准差异性和等效性研究工作,结合国内外交通运输生产实践,加快国际标准国内化进程,加快转化适合我国国情的国际标准,提高我国标准与国际标准一致性程度。深入参与国际标准制修订工作。培育和推动行业优势特色技术标准成为国际标准,提高我国在国际标准化工作中的影响力。大力推进自主研发标准走出去工作,组织重要铁路技术规范,公路、水运工程技术标准等的外文出版，结合海外工程承包、设备出口和对外援建推广中国标准。加强标准化工作的国内外宣传交流与培训，学习借鉴典型发达国家的先进标准化管理经验，推动标准化工作与交通运输现代化建设相适应。

（五）标准实施。

完善标准实施推进机制。健全标准解释机制，做好重要标准释义。充分发挥政府在标准实施中的作用，通过工程招投标、政府采购、产品质量认证、市场准入、工程验收管理等方式，促进标准实施；更多依靠标准规范，加强事中事后监管，适应政府职能转变；运用标准化手段规范自身管理，提高公共服务效能。引导企业建立促进技术进步和适应市场竞争需要的企业标准化工作机制和技术标准体系。鼓励行业协会、科研机构、标准编制单位以及相关标准化专业技术组织开展标准宣贯培训工作。

围绕综合客运枢纽、旅客联程联运、货物多式联运、铁路工程建设、道路货运车型、快递运输车辆、城市轨道交通运营安全、交通标志标识设置等行业发展的重点任务，完善成套系列标准体系，加快研制重点标准，提高标准的适用性和可行性。结合工程实施，系统推进成套标准的宣贯与应用，有效支撑和保障行业重点任务的顺利推进。

落实标准审查责任制，规范复审程序与要求，强化对标准文本编写质量的评估。组织开展强制性标准和重要公益类推荐性标准实施情况检查，研究建立标准实施信息反馈机制，通过认证认可、检验检测结果的采信和应用，开展标准实施效果评估。探索建立标准评估指标体系，形成稳定、长效评估机制。

（六）计量体系建设。

完善交通运输专业量传溯源体系。加强交通运输专用计量测试技术研究，开展计量标准器具研制，重点研究动态测量、远程测试、无损检测、多参数集成测试等量传溯源方法。编制交通运输计量技术规范体系表，加强计量技术规范制修订。

加强计量服务能力建设。加强国家道路与桥梁工程检测设备计量站、国家水运工程检测设备计量站和国家船舶舱容积计量站建设，提升服务保障能力，推动省级（区域）专业计量站发展和行业计量服务网络建设。筹建全国交通运输专业计量技术委员会，健全行业计量管理协调工作机制。

加强行业计量监督管理。完善交通运输试验检测仪器设备计量管理目录，加强对安全防护、环境监测、行政执法等领域计量器具的监管，提升行业重点计量器具质量。强化汽车综合性能检测机构计量检定及服务能力建设。加强对行业计量检定技术机构和检定技术人员的监督管理，规范检定行为。

（七）工程、产品和服务质量监督。

加强工程质量监督和安全监管。修订公路水运工程质量监督规定和公路水运工程安全生产监督管理办法。加强工程质量安全监督执法，完善工程质量安全督查机制。完善信用体系建设和质量安全信用信息采集评价机制。加强工程质量安全违法违规行为曝光制度建设和信息系统建设。

强化产品和服务质量监督。完善交通运输产品质量监督抽查管理办法，修订行业重点监督管理产品目录，健全产品质量监督抽查部省联动机制，扩大抽查种类和范围，加大抽查力度。制定重点产品质量监督抽查实施规范。开展服务质量监督抽查试点。

提高检验检测能力。继续推进检验检测机构整合，建设高水平的检验检测技术联盟，提高设施、设备和数据等资源利用效率。建立健全科学、公正、权威的第三方检验检测体系。支持检验检测机构研发和运用新技术、新装备，改进检验检测手段，提高检验检测技术水平和服务质量。

推进行业重点监管产品的认证工作。完善自愿性认证制度，提高自愿性产品认证在设计、招投标、工程建设等活动中的采信度。着力开展节能减排产品等的认证工作。探索服务认证方法及模式，逐步开展服务认证。

（八）标准化基础能力建设。

加强标准与科技互动，将标准制修订工作纳入各级各部门科研计划，对重要标准的研制积极申报国家科技计划项目，将标准作为相关科研项目的重要考核指标。应用科技报告制度促进科技成果向标准转化。推进专业性标准化科研机构建设，加大科研基础条件和人才培养投入，支持其承担标准化科研项目。加快标准化科研机构改革，激发科研人员创新活力。加强标准化技术支撑机构建设。优化专业标准化技术委员会布局，减少专业交叉，加强专家队伍建设。加强跨领域、综合性联合工作组建设。提高标准化技术委员会成员构成的广泛性、代表性。支持标准化科研机构、标准化技术委员会及标准出版发行机构等，加强标准化服务能力建设。

加强标准化专业人才、管理人才和企业标准化人员培养，加强行业计量、检验检测、认证人才队伍建设。加强国际标准化人才培养。建立行业标准化专家库。将从事标准化工作的业绩与技术职称评定、个人荣誉与待遇挂钩，吸引优秀专业人才从事标准化工作。

四、保障措施

（一）加强规划实施组织领导。

充分发挥交通运输部标准化管理委员会对行业标准化工作的领导和统筹协调作用，理顺综合交通运输标准化工作机制。部管国家局、部内相关司局以及各地区分工负责，组织和动员各方力量推进规划实施，发挥好地方交通运输主管部门在推动标准实施监督和评估方面的作用，部加强对地方交通运输标准化工作的政策支持。做好相关专项规划与本规划的衔接，抓好发展目标、主要任务和重大工程的责任分解和落实，并将本规划的总体要求和主要任务纳入相关部门和单位的年度计划，将规划实施情况纳入绩效考核。加强标准化工作制度建设和制修订计划安排。健全标准化统一管理和协调机制的各项配套政策措施，确保规划落到实处。跟踪规划实施进展，适时开展规划实施效果评估，对规划进行调整、优化，提高规划的科学性和有效性。

（二）完善协调推进机制。

加强统筹协调，切实把研究、制定、宣传、实施、监督、创新和国际化作为标准化工作的有机整体，实行全过程管理。加强与相关部门的沟通协调，强化对专业标准化技术委员会的业务指导。建立标准化技术委员会与科研机构的协同机制，大力推进科技研发与标准研制一体化。建立标准化技术机构间的交流研讨机制，推动相关技术标准的衔接协调。积极创造条件、搭建平台，充分发挥企业、学会协会、科研机构、高校、出版机构各方在标准制修订等工作中的作用，形成标准化工作合力。

（三）建立多元化资金渠道。

对交通运输国家标准和行业标准制修订、外文版编译出版、组织实施和监督等标准化工作及相关国际标准化工作经费，纳入部门预算予以保障；对推荐性地方标准相关工作经费，积极争取地方财政予以保障；对市场自主制定的标准，探索建立市场化、多元化经费投入机制，鼓励、引导社会各界加大投入。

（四）加强标准化宣传。

加强标准化法律法规、方针政策宣传和重大标准宣贯。充分利用报刊、网络等多种媒体，传播标准化知识，扩大标准的影响力。配合世界标准日、质量月等，积极开展标准化宣传活动，向行业管理部门、企事业单位、社会团体等人员宣传标准化理念，促进其提高标准化意识，营造标准化工作的良好氛围。

附录 B 公路水运工程试验检测法律、法规、标准、规范、规程现行参考目录索引

公路水运工程试验检测法律法规现行参考目录

序号	法律法规名称	发布文号/部门	发布日期	废止的法律法规	备注
1	《中华人民共和国计量法》	中华人民共和国主席令(第八十六号)	2017		
2	《中华人民共和国计量法实施细则》	国务院令(第 676 号)	2017		
3	《中华人民共和国标准化法》	中华人民共和国主席令第 11 号	1988		
4	《中华人民共和国标准化法实施条例》	中华人民共和国国务院令第 53 号	1990		
5	中华人民共和国产品质量法	中华人民共和国主席令第 33 号	2000		
6	《中华人民共和国法定计量单位》	国务院	1984		
7	《中华人民共和国强制检定的工作计量器具检定管理办法》	国务院	1987		
8	《中华人民共和国认证认可条例》	中华人民共和国国务院令(第 390 号)	2003		
9	《实验室资质认定评审准则》	国认实函〔2006〕141 号	2006		
10	《实验室能力验证实施办法》	国家认证委 2006 年第 9 号公告	2006		
11	《检测和校准实验室认可准则》(CNAS-CL01:2006)(ISO/IEC 17025:2005)	CNAL/AC01	2005		
12	《中华人民共和国依法管理的计量器具目录》	国家计量局	1987		
13	《实验室和检查机构资质认证管理办法》	国家质监总局 86 号局长令	2006	产品质量检验机构计量认证管理办法	
14	《实验室资质认定工作指南》	国家认证认可监督管理委员会	2007		
15	《检测和校准实验能力的通用要求》(ISO/IEC 17025:2005)	国际标准化组织(ISO)国际电工委员会(IEC)	2005		
16	《建筑工程质量管理条例》	国务院令〔2000〕第 279	2000		
17	《国务院办公厅关于加强基础设施工程质量管理的通知》	国办发〔1999〕16	1999		

续上表

序号	法律法规名称	发布文号/部门	发布日期	废止的法律法规	备注
18	《国务院关于进一步加强安全生产工作的决定》	国发2号	2004		
19	《建设工程安全生产管理条例》	国务院令第393号	2003		
20	《数据修约规则与极限数值的表示和判定》(GB/T 8170—2008)	国家标准化管理委员会	2008	GB/T 8170-1987	
21	《量和单位》(GB 3100～3102—1993)	国家技术监督局	1993		
22	《利用实验室间比对的能力验证　第1部分:能力验证计划的建立和运作》(GB/T 15483.1—1999)	国家质量技术监督局	1999		
23	《利用实验室间比对的能力验证　第2部分:实验室认可机构对能力验证计划的选择和使用》(GB/T 15483.2—1999)	国家质量技术监督局	1999		
24	《统计学词汇及符号　第1部分:一般统计术语与用于概率的术语》(GB/T 3358.1—2009)	国家标准化管理委员会	2009		
25	《统计学词汇及符号　第2部分:应用统计》(GB/T 3358.2—2009)	国家标准化管理委员会	2009		
26	《数据的统计处理和解释正态样本离群值的判断和处理》(GB/T 4883—2008)	国家标准化管理委员会	2008		
27	《能力验证结果的统计处理和能力评价指南》(CNAS-GL02:2006)	中国合格评定国家认可委员会	2006		
28	《公路水运工程试验检测管理办法》	交通部令〔2005〕第12号	2005		
29	《关于印发〈公路水运工程试验检测人员考试办法〉的通知》	质监综字〔2007〕4号	2007		
30	《关于公布〈公路水运工程试验检测机构等级标准〉及〈公路水运试验检测机构等级评定程序〉通知》	交质监发〔2008〕274号	2008		

续上表

序号	法律法规名称	发布文号/部门	发布日期	废止的法律法规	备注
31	《关于印发公路水运工程试验检测信用评价管理办法的通知》	交质监发〔2009〕318 号	2009		
32	《关于进一步加强公路水运工程工地试验室管理工作的意见》	厅质监字〔2009〕183 号	2009		
33	《航道工程竣工验收管理办法》	交通部令〔2008〕第 1 号	2008		
34	《公路工程竣工质量监定工作规定》	交通运输部办公厅质监字〔2008〕16 号	2008		
35	《公路水运工程质量安全督查办法》	交通运输部交质监发〔2008〕52 号	2008		
36	《公路工程质量监督规定》	交通部令第 4 号	2005		
37	《公路工程质量监督检查办法》	交通部交质监公字〔2005〕10 号	2005		
38	《水运工程质量监督规定》	交通部令第 3 号	2000		
39	《公路工程竣(交)工验收办法》	交通部令第 3 号	2004		
40	《公路工程竣(交)工程验收办法实施细则》	交公路发〔2010〕65 号	2010		
41	《内河航运建设项目(工程)竣工验收办法》	交通部交基发〔1996〕911 号	1996		
42	《港口工程竣工验收办法》	交通部令第 2 号	2005		
43	《关于开展公路水运工程试验检测机构专项督查的通知》	质监综字〔2011〕4 号	2011		
44	《关于印发公路水运工程试验检测机构换证复核细则(试行)通知》	厅质监综字〔2011〕17 号	2011		
45	《关于印发公路水运工程试验检测人员继续教育办法(试行)通知》	厅质监综字〔2011〕229 号	2011		
46	《关于做好公路水运工程试验检测人员继续教育机构备案工作通知》	质监综字〔2011〕22 号	2011		
47	《检查机构能力认可准则》(CNAS-CI01:2012)	中国合格评定国家认可委员会	2012		
48	《检测校准实验室能力的通用要求》(GB/T 27025—2008)(ISO/IEC 17025:2005)	国家标准化管理委员会	2008		

附录C　公路工程试验检测标准、规范、规程现行参考目录

公路工程试验检测标准、规范、规程现行参考目录

序号	专业	标准、规范、规程代码	标准、规范、规程名称	废止标准、规范、规程代码	主要编制单位	出版单位	备注
1	公路	JTG B01—2014	公路工程技术标准	JTJ 001—2003	中国工程建设标准化协会公路工程委员会	人民交通出版社	
2		JTG B03—2006	公路建设项目环境影响评价规范	JTJ 005—1996	交通部公路科学研究院	人民交通出版社	
3		JTG B04—2010	公路环境保护设计规范	JTJ/B 006—1998	中交第一公路勘察设计研究院有限公司	人民交通出版社	
4		GB 50026—2007	工程测量规范	GB 50026—1993	中国有色金属工业西安勘察设计院	中国计划出版社	
5		JTG C10—2007	公路勘测规范	JTJ 061—1985、 JTJ 061—1999、 JTJ 062—1991、 JTJ 063—1985、 JTJ 065—1997、 JTJ/T 066—1998	中交第一公路勘察设计研究院有限公司	人民交通出版社	
6		JTG C20—2011	公路工程地质勘察规范	JTJ 064—1998	中交第一公路勘察设计研究院有限公司	人民交通出版社	
7		JTG/T C21-01—2005	公路工程地质遥感勘察规范		中交第二公路勘察设计研究院	人民交通出版社	
8		JTG/T C22—2009	公路工程物探规程		中交第一公路勘察设计院	人民交通出版社	
9		JGJ 8—2016	建筑变形测量规程	JGJ 8—2007	建设部综合勘察研究设计院	人民交通出版社	
10		GB 50021—2001	岩土工程勘察规范		建设部综合勘察研究设计院	中国建筑工业出版社	
11		ASTM D6087—2008	探地雷达评价沥青面层标准方法			人民交通出版社	
12		GB/T 12897—2006	国家一、二等水准测量规范		国家测绘局标准化研究所	中国标准出版社	
13		GB/T 12898—2009	国家三、四等水准测量规范		国家测绘局标准化研究所	中国标准出版社	
14		JTG D20—2006	公路路线设计规范	JTJ 011—1994	中交第一公路勘察设计研究院有限公司	人民交通出版社	
15		JTG D30—2015	公路路基设计规范	JTG D30—2004	中交第二公路勘察设计研究院	人民交通出版社	
16		JTG D40—2011	公路水泥混凝土路面设计规范	JTG D40—2002	中交公路规划设计院	人民交通出版社	
17		JTG D50—2017	公路沥青路面设计规范	JTG D50—2006	中交公路规划设计院	人民交通出版社	

续上表

序号	专业	标准、规范、规程代码	标准、规范、规程名称	废止标准、规范、规程代码	主要编制单位	出版单位	备注
18	公路	JTG F10—2006	公路路基施工技术规范	JTJ 033—1995、JTJ 017—1996、JTJ 016—1993、JTJ 015—1991、JTJ 035—1991	中交第一公路工程局有限公司	人民交通出版社	
19		JTG F41—2008	公路沥青路面再生技术规范		交通运输部公路科学研究院	人民交通出版社	
20		JTD/T F20—2015	公路路面基层施工技术规范	JTJ 034—2000	交通运输部公路科学研究院	人民交通出版社	
21		JTG F30—2014	公路水泥混凝土路面施工技术规范	JTG F30—2014	交通运输部公路科学研究院	人民交通出版社	
22		JTG E40—2007	公路土工试验规程	JTJ 051—1993	交通部公路科学研究院	人民交通出版社	
23		JTG E60—2008	公路路基路面现场测试规程	JTJ 059—1995	交通部公路科学研究院	人民交通出版社	
24		JGJ 94—2008	建筑桩基技术规范	JGJ 94—1994	中国建筑科学研究院	中国建筑工业出版社	
25		JGJ 106—2014	建筑基桩检测技术规范	JGT 106—2003	中国建筑科学研究院	中国建筑工业出版社	
26		TB 10218—2008	铁路工程基桩检测技术规程			中国铁道出版社	
27		JTG/T D31—2008	沙漠地区公路设计与施工指南		新疆交通科学研究	人民交通出版社	
28		JTG/T D31-03—2011	采空区公路设计与施工技术细则		山西省交通规划勘察设计院	人民交通出版社	
29		JTG H20—2007	公路技术状况评定标准	JTJ 075—1994、交公路发〔2002〕572 号	交通部公路科学研究院	人民交通出版社	
30		JTG F80/1—2004	公路工程质量检验评定标准 第一册（土建工程）	JTJ 071—1998	交通部公路科学研究院	人民交通出版社	
31		JTG F80/2—2004	公路工程质量检验评定标准 第二册（机电工程）	JTJ 071—1998	交通部公路科学研究院	人民交通出版社	交通工程通用
32		JTG H10—2009	公路养护技术规范	JTJ 073—1996	浙江省交通厅公路管理局	人民交通出版社	交通工程通用
33		JTJ 073.2—2001	公路沥青路面养护技术规范		上海市公路管理处	人民交通出版社	
34		JTJ 073.1—2001	公路水泥混凝土路面养护技术规范		江苏省交通厅公路局	人民交通出版社	
35		CJJ 1—2008	城镇道路工程施工与质量验收规范			中国建筑工业出版社	
36		JTG H20—2007	公路技术状况评定标准	JTJ 075—1994		人民交通出版社	

续上表

序号	专业	标准、规范、规程代码	标准、规范、规程名称	废止标准、规范、规程代码	主要编制单位	出版单位	备注
37	桥梁	JTG D60—2015	公路桥涵设计通用规范	JTG D60—2004	中交公路规划设计院	人民交通出版社	
38		JTG/T D60-01—2004	公路桥梁抗风设计规范			人民交通出版社	
39		JTG/T D65-01—2007	公路斜拉桥设计细则	JTJ 027—1996	重庆交通科学研究院	人民交通出版社	
40		JTG D61—2005	公路圬工桥涵设计规范	JTJ 022—1985	中交公路规划设计院	人民交通出版社	
41		JTG D62—2004	公路钢筋混凝土及预应力混凝土桥涵设计规范	JTJ 023—1985	中交公路规划设计院	人民交通出版社	
42		JTG D63—2007	公路桥涵地基与基础设计规范	JTJ 024—1985		人民交通出版社	
43		JTG/T F50—2011	公路桥涵施工技术规范	JTJ 041—2000	中交第一公路工程局	人民交通出版社	
44		JTG/T B02-01—2008	公路桥梁抗震设计细则	JTJ 004—1989	重庆交通科学研究院	人民交通出版社	
45		JTG/T J21—2011	公路桥梁承载能力检测评定规程	（88）公路技字 11 号	交通运输部公路科学研究院	人民交通出版社	
46		JT/T 281—2007	公路波形梁钢护栏	JT/T 281—1995	交通部公路科学研究院 上海佳艺冷弯型钢厂	人民交通出版社	
47		JTG H11—2004	公路桥涵养护规范	JTJ 073—1996	陕西省公路局	人民交通出版社	
48		JTG/T J22—2008	公路桥梁加固设计规范		中交第一公路勘察设计研究院有限公司	人民交通出版社	
49		JTG/T J23—2008	公路桥梁加固施工技术规范		中交第一公路勘察设计研究院有限公司	人民交通出版社	
50		JTG/T H21—2011	公路桥梁技术状况评定标准		交通运输部公路科学研究院	人民交通出版社	
51		CJJ 69—1995	城市人行天桥与人行地道技术规范		北京市政工程研究院	中国建筑工业出版社	
52		CJJ 2—2008	城市桥梁工程施工与质量验收规范		北京市政建设集团有限公司等	中国建筑工业出版社	
53	隧道	JTG D70—2004	公路隧道设计规范	JTJ 026—1990	重庆交通科研设计院	人民交通出版社	
54		JTG/T D70/2-01—2014	公路隧道照明设计规范	JTJ 026.1—1999			
55		JTG/T D70/2-02—2014	公路隧道通风设计规范	JTJ 026.1—1999		人民交通出版社	
56		JTG F60—2009	公路隧道施工技术规范	JTJ 042—1994	中交第一公路工程局	人民交通出版社	
57		JTG/T D70—2010	公路隧道设计细则		中交第二公路勘察设计研究院	人民交通出版社	
58		JTG/T F60—2009	公路隧道施工技术细则		中交第一公路工程局	人民交通出版社	

续上表

序号	专业	标准、规范、规程代码	标准、规范、规程名称	废止标准、规范、规程代码	主要编制单位	出版单位	备注
59	公路材料	TB 10223—2004 J 341—2004	铁路隧道衬砌质量无损检测规程		中国铁路工程公司	中国铁道出版社	
60		TB 10121—2007	铁路隧道监控量测技术规程		中铁二院工程集团有限责任公司	中国铁道出版社	
61		JTG/T F72—2011	公路隧道交通工程与附属设施施工技术规范		重庆市交通委员会	人民交通出版社	
62		JTG H12—2015	公路隧道养护技术规范	JTG H12—2003	重庆市交通委员会	人民交通出版社	
63		GB 50086—2015	岩土锚杆与喷射混凝土支护工程技术规范	GB 50086—2003	中冶建筑研究总院有限公司	中国计划出版社	
64		JTG E40—2007	公路土工试验规程		交通部公路科学研究院	人民交通出版社	
65		JTG E42—2005	公路工程集料试验规程	JTJ 058—2000	交通部公路科学研究院	人民交通出版社	
66		JTG E41—2005	公路工程岩石试验规程	JTJ 054—1994	中交第二公路勘察设计研究院	人民交通出版社	
67		GB/T 14685—2011	建设用卵石、碎石	GB/T 14685—2001	中国砂石协会	中国标准出版社	
68		JTG/T F81-01—2004	公路工程基桩动测技术规程	JTJ 077—1995	浙江省交通厅公程质量监督站	人民交通出版社	
69		GB/T 14684—2011	建设用砂	GB/T 14684—2001	中铁大桥局集团第五工程有限公司	中国标准出版社	
70		JGJ 51—2002	轻骨料混凝土技术规程		中国建筑科学研究院	中国建筑工业出版社	
71		JTG E51—2009	公路工程无机结合料稳定试验规程	JTJ 057—1994	交通运输部公路科学研究院	人民交通出版社	
72		JGJ 12—2006	轻骨料混凝土结构设计规程	JGJ 12—1999	中国建筑科学研究院	中国建筑工业出版社	
73		GB/T 50107—2010	混凝土强度检验评定标准	GBJ 107—1987	原城乡建设环境保护部	中国计划出版社	
74		JGJ/T 70—2009	建筑砂浆基本性能试验方法标准	JGJ 70—1990	陕西省建筑科学研究设计院	中国建筑工业出版社	
75		GB/T 27025—2008	检测和校准试验室能力的通用要求	GB/T 15481—2000		中国标准出版社	
76		JTG E30—2005	公路工程水泥及水泥混凝土试验规程	JTJ 053—1994	交通部公路科学研究院	人民交通出版社	
77		GB/T 176—2008	水泥化学分析方法	GB/T 176—1996	中国建筑材料科学研究院	中国标准出版社	
78		GB/T 8074—2008	水泥比表面积测定方法（勃氏法）	GB/T 8074—1987	中国建材院水泥科学研究所	中国标准出版社	
79		GB/T 1345—2005	水泥细度测定方法　筛析法		中国建筑材料科学研究院	中国标准出版社	
80		GB/T 1346—2011	水泥标准稠度用水量、凝结时间、安定性检验方法	GB/T 1346—2001	中国建筑材料科学研究院	中国标准出版社	
81		GB/T 2419—2005	水泥胶砂流动度测定方法	GB/T 2419—1994	中国建筑材料科学研究院	中国标准出版社	

续上表

序号	专业	标准、规范、规程代码	标准、规范、规程名称	废止标准、规范、规程代码	主要编制单位	出 版 单 位	备注
82	公路材料	GB/T 17671—1999	水泥胶砂强度检验方法(ISO 法)	ISO 679:1989	国家建筑材料工业局	中国标准出版社	
83		JC/T 421—2004	水泥胶砂耐磨试验方法		中国建筑材料科学研究院	中国建材工业出版社	
84		JC/T 603—2004	水泥胶砂干缩试验方法	JC/T 603—1995	中国建筑材料科学研究院	中国建材工业出版社	
85		GB 175—2007	通用硅酸盐水泥	GB 175—1999 GB 1344—1999	国家建筑材料工业局	中国标准出版社	
86		GB 13693—2005	道路硅酸盐水泥	GB 13693—1992	中国建筑材料科学研究院	中国标准出版社	
87		JTG/T D32—2012	公路土工合成材料应用技术规范	JTJ/T 019—1998	交通运输部重庆交通科研设计院有限公司	人民交通出版社	
88		JGJ 28—1986	粉煤灰在混凝土和砂浆中应用技术规程		中科院建筑工程材料及制品研究所	中国建筑工业出版社	
89		CJJ 4—1997	粉煤灰石灰类道路基层施工及验收规程	CJJ 4—1983	天津市市政工程研究院	中国建筑工业出版社	
90		GB/T 1574—2007	煤灰成分分析方法	GB/T 1574—1995		中国建筑工业出版社	
91		JGJ 95—2003	冷轧带肋钢筋混凝土结构技术规程		中国建筑科学研究院	中国建筑工业出版社	
92		CECS 38—2004	纤维混凝土结构技术规程		大连理工大学	中国计划出版社	
93		JGJ 114—2003	钢筋焊接网混凝土结构技术规程	JGJ/T 114—1997	中国建筑科学研究院	中国建筑工业出版社	
94		JGJ 107—2003	钢筋机械连接通用技术规程		中国建筑科学研究院	中国建筑工业出版社	
95		JGJ 18—2003 J 253—2003	钢筋焊接及验收规程	JGJ/T 8—1996	陕西省建筑科学研究院	中国建筑工业出版社	
96		GB/T 2651—2008	焊接接头拉伸试验方法	GB 2651—1989	哈尔滨焊接研究所	中国标准出版社	
97		GB 1596—2005	用于水泥和混凝土中的粉煤灰	GB/T 1596—1991	中国建筑材料科学研究院	中国标准出版社	
98		GB 23439—2009	混凝土膨胀剂	JC 476—2001	中国建筑材料科学研究院	中国标准出版社	
99		JC 475—2004	混凝土防冻剂	JC 475—1992	中国建筑材料科学研究院	中国建材工业出版社	
100		GB 8076—2008	混凝土外加剂	GB 8076—1997	中国建筑材料科学研究院	中国标准出版社	
101		JC 477—2005	喷射混凝土用速凝剂	JC 477—1992	中国建筑材料科学研究院	中国建材工业出版社	
102		JC 901—2002	水泥混凝土养护剂		中国建筑材料科学研究院	中国建材工业出版社	
103		JT/T 523—2004	公路工程混凝土外加剂		交通部公路科学研究所	人民交通出版社	

续上表

序号	专业	标准、规范、规程代码	标准、规范、规程名称	废止标准、规范、规程代码	主要编制单位	出版单位	备注
104	公路材料	JT/T 522—2004	公路工程混凝土养护剂			人民交通出版社	
105		GB/T 50080—2016	普通混凝土拌合物性能试验方法标准	GB/T 50080—2002	中国建筑材料科学研究院	中国建筑工业出版社	
106		GB/T 50081—2002	普通混凝土力学性能试验方法标准	GBJ 81—1985	中国建筑材料科学研究院	中国建筑工业出版社	
107		GB/T 50082—2009	普通混凝土长期性能和耐久性能试验方法标准	GBJ 82—1985	中国建筑科学研究院	中国建筑工业出版社	
108		JGJ 55—2011	普通混凝土配合比设计规程	JGJ/T 55—2000	中国建筑科学研究院	中国建筑工业出版社	
109		GB 50119—2013	混凝土外加剂应用技术规范	GB 50119—2003	中国建筑科学研究院	中国建筑工业出版社	
110		GB/T 228.1—2010	金属材料 室温拉伸试验方法	GB/T 228—2004	冶金钢铁研究总院	中国建筑工业出版社	
111		GB/T 232—2010	金属材料 弯曲试验方法	GB/T 232—1999	冶金钢铁研究总院	中国标准出版社	
112		JGJ 98—2010	砌筑砂浆配合比设计规程		陕西省建筑科学研究设计院	中国建筑工业出版社	
113		GB/T 700—2006	碳素结构钢	GB/T 700—1988	冶金部信息标准研究院	中国标准出版社	
114		GB/T 1591—2008	低合金高强度结构钢	GB/T 1591—1994	鞍钢股份有限公司、冶金工业信息标准研究院等	中国标准出版社	
115		JG/T 163—2013	钢筋机械连接用套筒	JG 163—2004	中国建筑科学研究院等	中国标准出版社	
116		JGJ 107—2016	钢筋机械连接技术规程	JGJ 107—2003	中国建筑科学研究院等	中国建筑工业出版社	
117		JT/T 329—2010	公路桥梁预应力钢绞线用 YM 锚具、连接器规格系统	JT/T 329.1—1997 JT/T 329.2—1997	中交公路规划设计院有限公司	人民交通出版社	
118		JT/T 663—2006	公路桥梁板式橡胶支座规格系列		中交公路规划设计院等	人民交通出版社	
119		GB/T 230.1—2009	金属材料 洛氏硬度试验第 1 部分:试验方法（A、B、C、D、E、F、G、H、K、N、T 标尺）	GB/T 230—1991 GB/T 1818—1994	钢铁研究总院	中国标准出版社	
120		CECS 03:2007	钻芯法检测混凝土强度技术规程（附条文说明）	CECS 03:1998	中国建筑科学研究院	中国计划出版社	
121		CECS 02:2005	超声回弹综合检测混凝土强度技术规程		中国建筑科学研究院	中国计划出版社	
122		JGJ/T 23—2011 J 115—2001	回弹法检测混凝土抗压强度技术规程	JGJ/T 23—2001	陕西省建筑科学研究设计院	中国建筑工业出版社	

续上表

序号	专业	标准、规范、规程代码	标准、规范、规程名称	废止标准、规范、规程代码	主要编制单位	出版单位	备注
123	公路材料	CECS 21:2000	超声法检测混凝土缺陷技术规程		陕西省建筑科学研究设计院	中国建筑工业出版社	
124		CECS 104:1999	高强混凝土结构技术规程		中国土木工程学会高强与高性能混凝土委员会	中国建筑工业出版社	
125		JGJ 51—2002	轻集料混凝土技术规程	JGJ 51—1990	中国建筑科学研究院	中国建筑工业出版社	
126		JT/T 664—2006	公路工程土工合成材料　防水材料		交通部公路科学研究院	人民交通出版社	
127		JT/T 665—2006	公路工程土工合成材料　排水材料	JT/T 521—2004	交通部公路科学研究院	人民交通出版社	
128		JT/T 667—2006	公路工程土工合成材料　无纺土工织物	JT/T 519—2004	交通部公路科学研究院	人民交通出版社	
129		JT/T 666—2006	公路工程土工合成材料　轻型硬质泡沫材料		交通部公路科学研究院	人民交通出版社	
130		JT/T 668—2006	公路工程土工合成材料　保温隔热材料	JT/T 538—2004	交通部公路科学研究院	人民交通出版社	
131		JT/T 669—2006	公路工程土工合成材料　复合材料的分类、性能要求核试验		交通部公路科学研究院	人民交通出版社	
132		GB/T 13788—2017	冷轧带肋钢筋	GB 13788—2000	中国京冶技术工程有限公司等	中国标准出版社	
133		ASTMC 876—2009	混凝土中钢筋的半电池电位检测法				
134		BS 1881—204:1988	电磁测厚仪应用建议			人民交通出版社	
135		AASHTO T 260—1997	混凝土和混凝土原材料中总氯离子量的采样和试验方法			人民交通出版社	
136		GB/T 3323—2005	金属融化焊接接头射线照相		哈尔滨焊接技术培训中心	中国标准出版社	
137		GB 50205—2001	钢结构工程施工质量验收规范		冶金部建筑研究总院	中国计划出版社	
138		AWS D1.1—2010	钢结构焊接规范				
139		GB/T 2970—2016	厚钢板超声波检验方法	GB/T 2970—2004	钢铁研究总院等	中国标准出版社	
140		GB/T 6402—2008	钢锻材超声波检验方法	GB/T 6402—1991	冶金工业信息标准研究院等	中国标准出版社	
141		GB/T 7233.1—2009	铸钢材超声检测　第一部分：一般用途铸钢件		沈阳铸造研究所等	中国标准出版社	
142		GB/T 7734—2015	复合钢板超声波检验方法	GB/T 7734—2004	钢铁研究总院等	中国标准出版社	
143		GB/T 11345—2013	焊缝无损检测　超声检测　技术、检测等级和评定	GB/T 11345—1989	上海材料研究所	中国标准出版社	

续上表

序号	专业	标准、规范、规程代码	标准、规范、规程名称	废止标准、规范、规程代码	主要编制单位	出版单位	备注
144	公路材料	JIS Z3060—2002	钢结构焊缝超声波探伤方法				
145		GB/T 9444—2007	铸钢件磁粉探伤及质量评级方法		沈阳铸造研究所	中国标准出版社	
146		GB/T 8077—2012	混凝土外加剂匀质性试验方法	GB/T 8077—2000	苏州混凝土水泥制品研究院有限公司	中国标准出版社	
147		JTJ 275—2000	海港工程混凝土结构防腐蚀技术规程		广州四航工程技术研究院	人民交通出版社	
148		JTJ 270—1998	水运工程混凝土试验规程		天津港湾工程研究所等	人民交通出版社	
149		JC/T 986—2005	水泥基灌浆材料		中国建筑材料科学研究院	中国建材工业出版社	
150		JTG E20—2011	公路工程沥青及沥青混合料试验规程	JTJ 052—2000	交通部公路科学研究院	人民交通出版社	
151		JTG F40—2004	公路沥青路面施工技术规范	JTJ 032—1994 JTJ 036—1998	交通部公路科学研究院	人民交通出版社	
152		GB/T 15180—2010	重交通道路石油沥青			中国标准出版社	
153		JT/T 203—2014	公路水泥混凝土路面接缝材料	JT/T 203—1995		中国建筑工业出版社	
154		SHC F40-01—2002	公路沥青玛蹄脂碎石路面技术指南			人民交通出版社	
155		JTG E51—2009	公路工程无机结合料稳定材料试验规程	JTJ 057—1994	交通部公路科学研究院	人民交通出版社	
156		GB/T 14837.1—2014	橡胶和橡胶制品 热重分析法测定硫化胶和未硫化胶的成分 第1部分:丁二烯橡胶、乙烯-丙烯二元和三元共聚物、异丁烯-异戊二烯橡胶、异戊二烯橡胶、苯乙烯-丁二烯橡胶	GB/T 14837—1993	中国石油化工股份有限公司 北京北化院燕山分院	中国标准出版社	
157		GB 20688.4—2007	橡胶支座 第4部分:普通橡胶支座		衡水宝力工程橡胶有限公司等	中国标准出版社	
158		JT/T 663—2006	公路桥梁板式橡胶支座规格系列			人民交通出版社	
159		JTG E50—2006	公路工程土工合成材料试验规程	JTJ/T 060—1998	交通部公路科学研究院	人民交通出版社	
160		GB/T 17638—1998	土工合成材料 短纤针刺非织造土工布		中国纺织科学研究院	中国标准出版社	
161		GB/T 17639—2009	土工合成材料 长丝纺粘针刺非织造土工布	GB/T 17639—1998	中国纺织科学研究院	中国标准出版社	
162		GB/T 17640—2008	土工合成材料 长丝机织土工布	GB/T 17640—1998		中国标准出版社	
163		GB/T 17642—2008	土工合成材料 非织造复合土工膜	GB/T 17642—1998	北京雪花电器集团公司北京市 塑料制品	中国标准出版社	

续上表

序号	专业	标准、规范、规程代码	标准、规范、规程名称	废止标准、规范、规程代码	主要编制单位	出版单位	备注
164	公路材料	GB/T 17642—2008	土工合成材料　塑料土工格栅	GB/T 17642—1998	重庆庆兰塑料制品有限公司	中国标准出版社	
165		GB/T 21825—2008	玻璃纤维土工格栅	JC 839.1—1998	南京玻璃纤维研究设计院	中国标准出版社	
166		GB/T 16777—2008	交通工程土工合成材料土工格栅			中国标准出版社	
167		JC/T 408—2005	水乳型沥青防水涂料			中国建材工业出版社	
168		JC/T 975—2005	道桥用沥青防水涂料			中国建材工业出版社	
169		JT/T 535—2004	路桥用水性沥青基防水涂料		交通部公路科学研究所等	人民交通出版社	
170		GB 18243—2008	塑性体改性沥青防水卷材			中国标准出版社	
171		GB/T 231.1—2009	金属材料　布氏硬度试验第1部分:试验方法		全国钢标准化技术委员会	中国标准出版社	
172		GB/T 229—2007	金属夏比缺口冲击方法		钢铁研究总院等	中国标准出版社	
173		JGJ/T 27—2001 J 140—2001	钢筋焊接接头试验方法标准	JGJ/T 27—1986	陕西省建筑科学研究设计院	中国建筑工业出版社	
174		GB/T 701—2008	低碳钢热轧圆盘条	GB/T 701—1997	马鞍山钢铁股份有限公司	中国标准出版社	
175		GB/T 1499.1—2008	钢筋混凝土用钢　第1部分:热轧光圆钢筋			中国标准出版社	
176		GB/T 1499.2—2007	钢筋混凝土用钢　第2部分:热轧带肋钢筋			中国标准出版社	
177		GB/T 1499.3—2010	钢筋混凝土用钢　第3部分:钢筋焊接网			中国标准出版社	
178		GB 13788—2008	冷轧带肋钢筋	GB 13788—2000	冶金建筑研究总院	中国标准出版社	
179		GB/T 5223—2014	预应力混凝土用钢丝	GB/T 5223—2002	中冶建筑研究总院有限公司	中国标准出版社	
180		GB/T 5224—2014	预应力混凝土用钢绞线	GB/T 5224—2003	冶金工业信息标准研究院	中国标准出版社	
181		GB/T 20065—2006	预应力混凝土用螺纹钢筋		国家建筑钢材质量监督检验中心等	中国标准出版社	
182		JGJ 85—2010	预应力筋用锚具、夹具和连接器应用技术规程	JGJ 85—2002	中国建筑科学研究院	中国建筑工业出版社	
183		GB/T 14370—2015	预应力筋用锚具、夹具和连接器	GB/T 14370—2007	中国建筑科学研究院	中国标准出版社	
184		GB/T 17955—2009	桥梁球型支座		中交公路规划设计院等	中国标准出版社	
185		JT/T 391—2009	公路桥梁盆式支座	JT/T 391—1999	中交公路规划设计院	人民交通出版社	
186		JT/T 327—2016	公路桥梁伸缩装置通用技术条件	JT/T 327—2016	中交公路规划设计院	人民交通出版社	

续上表

序号	专业	标准、规范、规程代码	标准、规范、规程名称	废止标准、规范、规程代码	主要编制单位	出版单位	备注
187	公路材料	JT/T 723—2008	单元式多向变位梳形板桥梁伸缩装置			中国标准出版社	
188		GB/T 14152—2001	热塑性塑料管材耐外冲击性能试验方法 时针旋转法		沈阳久利塑料有限公司	中国标准出版社	
189		JT/T 529—2004	预应力混凝土桥梁用塑料波纹管		交通部公路科学研究所等	人民交通出版社	
190		JG 225—2007	预应力混凝土用金属波纹管		中国建筑科学研究院	中国标准出版社	
191		JT/T 329—2010	公路桥梁预应力钢绞线用锚具、连接器试验方法及检验规则		中交公路规划设计院	人民交通出版社	
192			橡胶沥青及混合料设计施工技术指南		交通部公路科学研究院	人民交通出版社	
193	交通工程	JTG D80—2006	高速公路交通工程及沿线设施设计通用规范		中交第一公路勘察设计研究院	人民交通出版社	
194		JTG D81—2006	公路交通安全设施设计技术规范	JTJ 074—1994	交通部公路科学研究院	人民交通出版社	
195		JTG F71—2006	公路交通安全设施施工技术规范	JTJ 074—1994	交通运输部公路科学研究院	人民交通出版社	
196		JTG/T D81—2006	公路交通安全设施设计技术细则		交通运输部公路科学研究院	人民交通出版社	
197		JTG D82—2009	公路交通标志和标线设置规范		交通运输部公路科学研究院	人民交通出版社	
198		JTG/T F72—2011	公路隧道交通工程与附属设施施工技术规范		重庆市交通委员会	人民交通出版社	
199		JTG F80/1—2004	公路工程质量检验评定标准第一册(土建工程)	JTJ 071—1998	交通部公路科学研究院	人民交通出版社	
200		JTG F80/2—2004	公路工程质量检验评定标准第二册(机电工程)	JTJ 071—1998	交通部公路科学研究院	人民交通出版社	
201		JJG(交通) 078—2007	环形线圈车辆检测器	JT/T 455—2001	交通部公路科学研究院	人民交通出版社	
202		JT/T 674—2007	玻璃珠选形器		交通部科学研究院	人民交通出版社	
203		JT/T 675—2007	道路交通标线涂层湿膜厚度梳规		交通部科学研究院	人民交通出版社	
204		JT/T 682—2007	突起路标耐冲击性能测试仪		交通部公路科学研究院	人民交通出版社	
205		JT/T 684—2007	钢构件镀锌层附着性能测定仪		交通部公路科学研究院	人民交通出版社	
206		JT/T 685—2007	反光膜附着性能测试仪		交通部公路科学研究院	人民交通出版社	
207		JT/T 683—2007	通信管道静摩擦系数测量仪		交通部公路科学研究院	人民交通出版社	
208		JT/T 686—2007	反光膜耐冲击性能测定仪		交通部公路科学研究院	人民交通出版社	

续上表

序号	专业	标准、规范、规程代码	标准、规范、规程名称	废止标准、规范、规程代码	主要编制单位	出版单位	备注
209	交通工程	JT/T 687—2007	反光膜防粘纸可剥离性能测试仪		交通部公路科学研究院	人民交通出版社	
210		JT/T 692—2007	夜间条件下逆反射体色度性能测试方法		交通部公路科学研究院	人民交通出版社	
211		JT/T 693—2007	荧光反光膜和荧光反光标记材料昼间色度性能测试方法		交通部公路科学研究院	人民交通出版社	
212		JT/T 710—2008	公路桥涵用波形钢板			人民交通出版社	
213		JTG/T F83-01—2004	高速公路护栏安全性能评价标准			人民交通出版社	
214		JT/T 676—2007	车载式路面激光平整度仪		原交通部	人民交通出版社	
215		JT/T 677—2007	车载式路面激光车辙仪		原交通部	人民交通出版社	
216		JJG(交通) 076—2010	车载式路面激光车辙仪	JJG(交通) 076—2009		人民交通出版社	
217		JT/T 678—2007	车载式路面激光视频病害检测系统		原交通部	人民交通出版社	
218		JJG(交通) 075—2010	车载式路面激光平整度仪	JJG(交通) 075—2009		人民交通出版社	
219		GB 25280—2010	道路交通信号控制机		交通部公路科学研究院等	中国标准出版社	
220		GA/T 580—2005	太阳能道路交通标志		北京公共交通研究所	中国标准出版社	
221		GB/T 228.1—2010	金属材料　拉伸试验 第1部分:室温实验方法	GB/T 228—2004	钢铁研究总院等	中国标准出版社	
222		GB/T 232—2010	金属材料　弯曲试验方法	GB/T 232—1999	钢铁研究总院等	中国标准出版社	
223		GB/T 700—2006	碳素结构钢	GB/T 700—1988	冶金工业信息标准研究所等	中国标准出版社	
224		GB/T 1040.1—2006	塑料　拉伸性能的测定　第1部分:总则	GB/T 1039—1992 GB/T 1040—1992	国家合成树脂质量监督检验中心等	中国标准出版社	
225		GB/T 1040.2—2006	塑料　拉伸性能的测定　第2部分:模塑和挤塑塑料的试验条件	GB/T 1040—1992 GB/T 16421—1996	国家合成树脂质量监督检验中心等	中国标准出版社	
226		GB/T 1040.3—2006	塑料　拉伸性能的测定　第3部分:薄膜和薄片的试验条件	GB/T 1040—1992 GB/T 13022—1991	国家合成树脂质量监督检验中心等	中国标准出版社	
227		GB/T 1040.4—2006	塑料　拉伸性能的测定　第4部分:各向同性和正交各向异性纤维增强复合材料的试验条件	GB/T 1040—1992	国家合成树脂质量监督检验中心等	中国标准出版社	

续上表

序号	专业	标准、规范、规程代码	标准、规范、规程名称	废止标准、规范、规程代码	主要编制单位	出版单位	备注
228	交通工程	GB/T 1040.5—2008	塑料　拉伸性能的测定　第5部分：单向纤维增强复合材料的试验条件		国家合成树脂质量监督检验中心等	中国标准出版社	
229		GB/T 1408.1—2006	绝缘材料电气强度试验方法　第1部分：工频下试验	GB/T 1408.1—1999	桂林电器科学研究所	中国标准出版社	
230		GB/T 1633—2000	热塑性塑料维卡软化温度（VST）的测定	GB/T 1633—1979	大庆石油化工总厂	中国标准出版社	
231		GB/T 1634.1—2004	塑料　负荷变形温度的测定　第1部分：通用试验方法	GB/T 1634—1979	中蓝晨光化工研究院	中国标准出版社	
232		GB/T 1634.2—2004	塑料　负荷变形温度的测定　第2部分：塑料、硬橡胶和长纤维增强复合材料	GB/T 1634—1979	中蓝晨光化工研究院	中国标准出版社	
233		GB/T 1634.3—2004	塑料　负荷变形温度的测定　第3部分：高强度热固性层压材料	GB/T 1634—1979	中蓝晨光化工研究院	中国标准出版社	
234		GB/T 2423.1—2008	电工电子产品环境试验　第2部分：试验方法　试验A：低温	GB/T 2423.1—2001	广州电器科学研究所	中国标准出版社	
235		GB/T 2423.2—2008	电工电子产品环境试验　第2部分：试验方法　试验B：高温	GB/T 2423.2—2001	广州电器科学研究所	中国标准出版社	
236		GB/T 2423.3—2006	电工电子产品环境试验　第2部分：试验方法　试验Cab：恒定湿热试验	GB/T 2423.3—2001 GB/T 2423.9—2001	广州电器科学研究所	中国标准出版社	
237		GB/T 2423.5—1995	电工电子产品环境试验　第2部分：试验方法　试验Ea和导则：冲击	GB 2423.5—1981 GB 2424.3—1981	电子工业部五所	中国标准出版社	
238		GB/T 2423.10—2008	电工电子产品环境试验　第2部分：试验方法　试验Fc：振动（正弦）	GB/T 2423.10—1995	信息产业部五所等	中国标准出版社	
239		GB/T 2423.17—2008	电工电子产品环境试验　第2部分：试验方法　试验Ka：盐雾	GB/T 2423.17—1993	中国电器科学研究院等	中国标准出版社	
240		GB/T 2423.56—2006	电工电子产品环境试验　第2部分：试验方法　试验Fh：宽带随机振动（数字控制）和导则		广州大学、信产部五所等	中国标准出版社	

续上表

序号	专业	标准、规范、规程代码	标准、规范、规程名称	废止标准、规范、规程代码	主要编制单位	出版单位	备注
241	交通工程	GB/T 2975—1998	钢及钢产品　力学性能试验取样位置及试样制备		冶金部钢铁研究总院	中国标准出版社	
242		GB/T 2976—2004	金属材料　线材　缠绕试验方法	GB/T 2976—1988	国家金属制品质量监督检验中心	中国标准出版社	
243		GB/T 3190—2008	变形铝及铝合金化学成分	GB/T 3190—1996	东北轻合金有限责任公司	中国标准出版社	
244		GB 3659—1983	电视视频通道测试方法		广电部广播科学研究所	中国标准出版社	
245		GB/T 3682—2000	热塑性塑料熔体质量流动速率和熔体体积流动速率的测定	idt ISO 1133:1997	上海市塑料研究所等	中国标准出版社	
246		GB 4208—2008	外壳防护等级(IP 代码)	GB 4208—1993	机械工业北京电工技术经济研究所	中国标准出版社	
247		GB/T 4336—2002	碳素钢和中低合金钢　火花源原子发射光谱分析方法(常规法)	GB/T 4336—1984	钢铁研究总院	中国标准出版社	
248		GB 4716—2005	点型感温火灾探测器	GB 4716—1993	公安部沈阳消防研究所	中国标准出版社	
249		GB/T 5700—2008	照明测量方法	GB/T 5700—1985 GB/T 15240—1994	中国建筑研究院等	中国标准出版社	
250		GB 5768.4～5768.6—2017	道路交通标志和标线	部分替代 GB 5768—1999	交通运输部公路科学研究所	中国标准出版社	
251		GB 5768—1999/XG2—2005	道路交通标志和标线　第 2 号修改单		交通部公路科学研究所	中国标准出版社	
252		GB 5768.1—2009	道路交通标志和标线 第 1 部分:总则	部分替代 GB 5768—1999	交通部公路科学研究所	中国标准出版社	
253		GB 5768.2—2009	道路交通标志和标线 第 2 部分:道路交通标志	部分替代 GB 5768—1999	交通部公路科学研究所	中国标准出版社	
254		GB 5768.3—2009	道路交通标志和标线 第 3 部分:道路交通标线	部分替代 GB 5768—1999	交通部公路科学研究所	中国标准出版社	
255		GB/T 7999—2007	铝及铝合金光电直读发射光谱分析方法	GB/T 7999—2000	东北轻合金有限责任公司等	中国标准出版社	
256		GB/T 8924—2005	纤维增强塑料燃烧性能试验方法　氧指数法	GB/T 8924—1988	中国船舶重工集团公司七二五研究所	中国标准出版社	

续上表

序号	专业	标准、规范、规程代码	标准、规范、规程名称	废止标准、规范、规程代码	主要编制单位	出版单位	备注
257	交通工程	GB/T 10125—2012	人造气氛腐蚀试验　盐雾试验	GB/T 10125—1997	武汉材料保护研究所	中国标准出版社	
258		GB 13392—2005	道路运输危险货物车辆标志	GB 13392—1992	交通部公路科学研究所等	中国标准出版社	
259		GB 14887—2011	道路交通信号灯	GB 14887—2003	公安部交通管理科学研究所	中国标准出版社	
260		GB/T 15412—1994	应用电视摄像机云台通用技术条件		上海无线电四厂	中国标准出版社	
261		GB 16280—2014	线型感温火灾探测器	GB 16280—2005	公安部沈阳消防研究所	中国标准出版社	
262		GB/T 16311—2009	道路交通标线质量要求和检测方法	GB/T 16311—2005	交通部公路科学研究院	中国标准出版社	
263		GB/T 16422.2—2014	塑料实验室光源暴露试验方法 第2部分:氙弧灯	GB/T 16422.2—1999	广州合成材料研究院有限公司	中国标准出版社	
264		GB/T 16422.3—2014	塑料实验室光源暴露试验方法 第3部分:荧光紫外灯	GB/T 16422.3—1997	广州合成材料研究院有限公司	中国标准出版社	
265		GB/T 18226—2015	公路交通工程钢构件防腐技术条件	GB/T 18226—2000	交通运输部公路科学研究院	中国标准出版社	
266		GB/T 18833—2012	道路交通反光膜	GB/T 18833—2002	交通运输部公路科学研究院	中国标准出版社	
267		GB 19151—2003	机动车用三角警告牌		天津神光新技术开发公司	中国标准出版社	
268		GB/T 19516—2004	高速公路有线紧急电话系统技术要求		交通部公路科学研究所	中国标准出版社	
269		GB/T 19813—2005	太阳能突起路标		交通部公路科学研究所	中国标准出版社	
270		GB/T 20247—2006	声学　混响室吸声测量		中科院声学研究所等	中国标准出版社	
271		GB/T 20609—2006	交通信号采集　微波交通流检测器		交通部公路科学研究所	中国标准出版社	
272		GB/T 20851.1—2007	电子收费　专用短程通信 第1部分:物理层		交通部公路科学研究所	中国标准出版社	
273		GB/T 20851.2—2007	电子收费　专用短程通信 第2部分:数据链路层		交通部公路科学研究所	中国标准出版社	
274		GB/T 20851.3—2007	电子收费　专用短程通信 第3部分:应用层		交通部公路科学研究所	中国标准出版社	
275		GB/T 20851.4—2007	电子收费　专用短程通信 第4部分:设备应用		交通部公路科学研究所	中国标准出版社	

续上表

序号	专业	标准、规范、规程代码	标准、规范、规程名称	废止标准、规范、规程代码	主要编制单位	出版单位	备注
276	交通工程	GB/T 20851.5—2007	电子收费　专用短程通信　第5部分：物理层主要参数测试方法		交通部公路科学研究所	中国标准出版社	
277		GB/T 21671—2008	基于以太网技术的局域网系统验收测评规范		上海市计量测试技术研究院等	中国标准出版社	
278		GB 23826—2009	高速公路 LED 可变限速标志		交通部公路科学研究院等	中国标准出版社	
279		GB/T 23827—2009	道路交通标志板及支撑件		交通部公路科学研究院等	中国标准出版社	
280		GB/T 23828—2009	高速公路 LED 可变信息标志		交通部公路科学研究院等	中国标准出版社	
281		GB/T 24456—2009	高密度聚乙烯硅芯管		国家交通安全设施质量监督检验中心	中国标准出版社	
282		GB/T 24716—2009	公路沿线设施太阳能供电系统通用技术规范		北京中交华安科技有限公司	中国标准出版社	
283		GB/T 24717—2009	道路预成形标线带		交通部公路科学研究院等	中国标准出版社	
284		GB/T 24718—2009	防眩板		北京中交华安科技有限公司	中国标准出版社	
285		GB/T 24719—2009	公路收费亭		北京中交华安科技有限公司	中国标准出版社	
286		GB/T 24720—2009	交通锥		交通部公路科学研究院等	中国标准出版社	
287		GB/T 24721.1—2009	公路用玻璃纤维增强塑料产品　第1部分：通则		交通部公路科学研究院等	中国标准出版社	
288		GB/T 24721.2—2009	公路用玻璃纤维增强塑料产品　第2部分：管箱		交通部公路科学研究院等	中国标准出版社	
289		GB/T 24721.3—2009	公路用玻璃纤维增强塑料产品　第3部分：管道		交通部公路科学研究院等	中国标准出版社	
290		GB/T 24722—2009	路面标线用玻璃珠		交通部公路科学研究院等	中国标准出版社	
291		GB/T 24723—2009	公路收费用票据打印机		交通部公路科学研究院等	中国标准出版社	
292		GB/T 24724—2009	收费专用键盘		交通部公路科学研究院等	中国标准出版社	
293		GB/T 24725—2009	突起路标		交通部公路科学研究院等	中国标准出版社	

续上表

序号	专业	标准、规范、规程代码	标准、规范、规程名称	废止标准、规范、规程代码	主要编制单位	出版单位	备注
294	交通工程	GB/T 24726—2009	交通信息采集　视频车辆检测器		交通部公路科学研究院等	中国标准出版社	
295		GB/T 24965.1—2010	交通警示灯　第1部分:通则		交通部公路科学研究院等	中国标准出版社	
296		GB/T 24965.2—2010	交通警示灯　第2部分:黄色闪烁警示灯		交通部公路科学研究院等	中国标准出版社	
297		GB/T 24965.3—2010	交通警示灯　第3部分:雾灯		交通部公路科学研究院等	中国标准出版社	
298		GB/T 24965.4—2010	交通警示灯　第4部分:临时安全警示灯		交通部公路科学研究院等	中国标准出版社	
299		GB/T 24966—2010	车辆分离光栅		交通部公路科学研究院等	中国标准出版社	
300		GB/T 24967—2010	钢质护栏立柱埋深冲击弹性波检测仪		交通部公路科学研究院等	中国标准出版社	
301		GB/T 24968—2010	公路收费车道控制机		交通部公路科学研究院等	中国标准出版社	
302		GB/T 24969—2010	公路照明技术条件		交通部公路科学研究院等	中国标准出版社	
303		GB/T 24970—2010	轮廓标		交通部公路科学研究院等	中国标准出版社	
304		GB/T 24971—2010	轮胎识别器		交通部公路科学研究院等	中国标准出版社	
305		GB/T 24972—2010	弹性交通柱		交通部公路科学研究院等	中国标准出版社	
306		GB/T 24973—2010	收费用电动栏杆		交通部公路科学研究院等	中国标准出版社	
307		GB/T 24974—2010	收费用手动栏杆		交通部公路科学研究院等	中国标准出版社	
308		GB/T 25281—2010	道路作业人员安全标志服		交通部公路科学研究院等	中国标准出版社	
309		GB/T 26377—2010	逆反射测量仪		交通部公路科学研究院等	中国标准出版社	
310		GY/T 121—1995	有线电视系统测量方法		广电部质检中心	人民邮电出版社	
311		JB/T 10216—2000	电控配电用电缆桥架		天津电气传动涉及研究所	机械工业出版社	
312		JC/T 988—2006	电缆用玻璃钢保护管		上海玻璃钢研究院所等	人民交通出版社	
313		JT/T 230—1995	汽车导静电橡胶拖地带		交通部标准计量研究所	人民交通出版社	
314		JT/T 280—2004	路面标线涂料	JT/T 280—1995	交通部公路科学研究院	人民交通出版社	
315		JT/T 281—2007	公路波形梁钢护栏	JT/T 281—1995	交通部公路科学研究院	人民交通出版社	
316		JT/T 281—2007 第1号修改单	公路波形梁钢护栏　第1号修改单		交通部公路科学研究院	人民交通出版社	

续上表

序号	专业	标准、规范、规程代码	标准、规范、规程名称	废止标准、规范、规程代码	主要编制单位	出版单位	备注
317	交通工程	JT/T 452.1—2001	公路收费非接触式 IC 卡 第 1 部分:物理特性		交通部公路科学研究所	人民交通出版社	
318		JT/T 452.2—2004	公路收费非接触式 IC 卡技术条件 第 2 部分:电气特性		交通部公路科学研究所	人民交通出版社	
319		JT/T 455—2001	环形线圈车辆检测器		交通部公路科学研究所	人民交通出版社	
320		JT/T 456—2001	高速公路监控系统交通数据报表格式		交通部公路科学研究所	人民交通出版社	
321		JT/T 457—2007	公路三波形梁钢护栏	JT/T 457—2001	交通部公路科学研究院	人民交通出版社	
322		JT/T 495—2004	公路交通安全设施质量检验抽样及判定		交通部公路科学研究院	人民交通出版社	
323		JT/T 496—2004	公路地下通信管道 高密度聚乙烯硅芯塑料管		交通部公路科学研究所	人民交通出版社	
324		JT/T 529—2004	预应力混凝土桥梁用塑料波纹管		交通部公路科学研究所等	人民交通出版社	
325		JT/T 596—2004	公路防撞桶		交通部公路科学研究所	人民交通出版社	
326		JT/T 597—2004	LED 车道控制标志		交通部公路科学研究所	人民交通出版社	
327		JT/T 600.1—2004	公路用防腐蚀粉末涂料及涂层 第 1 部分:通则		交通部公路科学研究所	人民交通出版社	
328		JT/T 600.2—2004	公路用防腐蚀粉末涂料及涂层 第 2 部分:热塑性聚乙烯粉末涂料及涂层		交通部公路科学研究所	人民交通出版社	
329		JT/T 600.3—2004	公路用防腐蚀粉末涂料及涂层 第 3 部分:热塑性聚氯乙烯末涂料及涂层		交通部公路科学研究所	人民交通出版社	
330		JT/T 600.4—2004	公路用防腐蚀粉末涂料及涂层 第 4 部分:热固性聚酯粉末涂料及涂层		交通部公路科学研究所	人民交通出版社	
331		JT/T 601—2004	高速公路监控系统地图板装置		交通部公路科学研究所	人民交通出版社	
332		JT/T 602—2004	高速公路收费车道控制机		交通部公路科学研究所	人民交通出版社	
333		JT/T 603—2004	公路收费非接触式 IC 卡收发卡机		长沙理工大学智能运输系统研究所	人民交通出版社	
334		JT/T 604—2004	汽车号牌视频自动识别系统		交通部公路科学研究所	人民交通出版社	
335		JT/T 605—2004	公路收费车道图像抓拍与数字化规程		交通部公路科学研究所	人民交通出版社	
336		JT/T 606.1—2004	高速公路监控设施通信规程 第 1 部分:通用规程		交通部公路科学研究所	人民交通出版社	

续上表

序号	专业	标准、规范、规程代码	标准、规范、规程名称	废止标准、规范、规程代码	主要编制单位	出版单位	备注
337	交通工程	JT/T 606.2—2004	高速公路监控设施通信规程 第2部分:环形线圈车辆检测器		交通部公路科学研究所	人民交通出版社	
338		JT/T 606.3—2004	高速公路监控设施通信规程 第3部分:LED可变信息标志		交通部公路科学研究所	人民交通出版社	
339		JT/T 607—2004	高速公路可变信息标志信息的显示和管理		江苏宁沪高速股份有限公司等	人民交通出版社	
340		JT/T 608—2004	隧道可编程控制器		交通部公路科学研究所	人民交通出版社	
341		JT/T 609—2004	公路隧道照明灯具		重庆交通科研设计院	人民交通出版社	
342		JT/T 610—2004	公路隧道火灾报警系统技术条件		重庆交通科研设计院	人民交通出版社	
343		GB/T 26944.1～26944.4—2011	公路隧道环境检测设备技术条件	JT/T 611—2004	重庆交通科研设计院	人民交通出版社	
344		GB/T 26377—2010	逆反射测量仪	JT/T 612—2004	交通运输部公路科学研究院	中国标准出版社	
345		GB/T 27879—2011	公路收费用费额显示器	JT/T 641—2005	中交第一公路勘察设计研究院有限公司等	人民交通出版社	
346		JT/T 645.1—2016	公路服务区生活污水再生利用 第1部分:水质	JT/T 645.1—2005	交通运输部公路科学研究院	人民交通出版社	
347		JT/T 645.2—2016	公路服务区生活污水再生利用 第2部分:处理系统技术要求	JT/T 645.2—2005	交通运输部公路科学研究院	人民交通出版社	
348		JT/T 645.3—2016	公路服务区生活污水再生利用 第3部分:处理系统操作管理要求	JT/T 645.3—2005	交通运输部公路科学研究院	人民交通出版社	
349		JT/T 646.4—2016	公路声屏障材料技术要求和检测方法	JT/T 645.4—2005	交通运输部公路科学研究院	人民交通出版社	
350		JT/T 657—2006	交通钢构件聚苯胺防腐涂料		交通部科学研究院等	人民交通出版社	
351		JT/T 688—2007	逆反射术语		交通部公路科学研究所	人民交通出版社	
352		JT/T 689—2007	逆反射系数测试方法　共平面几何法		交通部公路科学研究所	人民交通出版社	
353		JT/T 690—2007	逆反射体光度性能测试方法		交通部公路科学研究所	人民交通出版社	
354		JT/T 691—2007	水平涂层逆反射亮度系数测试方法		交通部公路科学研究所	人民交通出版社	
355		JT/T 692—2007	夜间条件下逆反射体色度性能测试方法		交通部公路科学研究所	人民交通出版社	

续上表

序号	专业	标准、规范、规程代码	标准、规范、规程名称	废止标准、规范、规程代码	主要编制单位	出版单位	备注
356	交通工程	JT/T 693—2007	荧光反光膜和荧光反光标记材料昼间色度性能测试方法		交通部公路科学研究所	人民交通出版社	
357		JT/T 694—2007	悬索桥主缆系统防腐涂装技术条件		北京航材百慕新材料技术工程有限公司等	人民交通出版社	
358		JT/T 695—2007	混凝土桥梁结构表面涂层防腐技术条件		北京航材百慕新材料技术工程有限公司等	人民交通出版社	
359		JT/T 710—2008	公路桥涵用波形钢板		交通部公路科学研究所等	人民交通出版社	
360		JT/T 712—2008	路面防滑涂料		交通部公路科学研究所	人民交通出版社	
361		JT/T 713—2008	路面橡胶减速带		交通部公路科学研究所	人民交通出版社	
362		JT/T 750—2009	内部照明标志		浙江省交通规划设计院等	人民交通出版社	
363		JT/T 751—2009	翻版式可变标志		浙江省交通规划设计院等	人民交通出版社	
364		JT/T 762—2009	反光膜耐弯曲性能测定器		交通部公路科学研究所	人民交通出版社	
365		JT/T 791—2010	公路涵洞通道用波纹钢管(板)		中交第一公路勘察院等	人民交通出版社	
366		JT/T 800—2011	公路用钢网复合型玻璃纤维增强塑料管箱		交通运输部公路科学研究院等	人民交通出版社	
367		JT/T 801—2011	公路用凸面反光镜		交通运输部公路科学研究院等	人民交通出版社	
368		JT/T 802—2011	高速公路服务区生物接触氧化法污水处理成套设备		交通运输部公路科学研究院等	人民交通出版社	
369		QB/T 2479—2005	埋地式高压电力电缆用氯化聚氯乙烯(PVC-C)套管	QB/T 2479—2000	湖南电力路路通塑业有限公司	中国轻工业出版	
370		YD/T 841.1—2016	地下通信管道用塑料管　第1部分:总则	YD/T 841.1—2008	工业和信息化部电信研究院等	中国标准出版社	
371		YD/T 841.2—2016	地下通信管道用塑料管　第2部分:实壁管	YD/T 841.2—2008	工业和信息化部电信研究院等	中国标准出版社	
372		YD/T 841.3—2016	地下通信管道用塑料管　第3部分:双壁波纹管	YD/T 841.3—2008	工业和信息化部电信研究院等	中国标准出版社	
373		YD/T 841.5—2016	地下通信管道用塑料管　第5部分:梅花管	YD/T 841.5—2008	工业和信息化部电信研究院等	中国标准出版社	
374		YD/T 1099—2013	以太网交换机技术要求	YD/T 1099—2005	工业和信息化部电信研究院等	中国标准出版社	
375		YD/T 1324—2004	地下通信管道用硬聚氯乙烯(PVC-U)多孔管		武汉邮电科学研究院	人民邮电出版社	

附录D　水运工程试验检测标准、规范、规程现行参考目录

水运工程试验检测标准、规范、规程现行参考目录

序号	专业	标准、规范、规程代码	标准、规范、规程名称	废止标准、规范、规程代码	主要编制单位	出版单位	备注
1	水运材料	JTS 202—2011	水运工程混凝土施工规范	JTJ 268—1996 JTJ/T 273—1997 JTJ/T 274—1998	中交天津港湾工程研究院有限公司	人民交通出版社	结构也用
2		JTJ 270—1998	水运工程混凝土试验规程		天津港湾工程研究所 南京水利科学研究院	人民交通出版社	
3		JGJ 63—2006	混凝土用水标准	JGJ 63—1989	中国建筑科学研究院	人民交通出版社	
4		GB 8076—2008	混凝土外加剂	GB 8076—1997		中国标准出版社	
5		GB/T 1596—2005	用于水泥和混凝土中的粉煤灰	GB 1596—1991	中国建筑材料科学研究总院等	中国标准出版社	
6		GB/T 18046—2008	用于水泥和混凝土中的粒化高炉矿渣粉	GB/T 18046—2000	中国建筑材料科学研究院	中国标准出版社	
7		GB/T 8239—2014	普通混凝土小型空心砌块	GB 8239—1997	河南建筑材料研究设计院有限公司	中国标准出版社	
8		GB 11968—2006	蒸压加气混凝土砌块		常州建材研究所等	中国标准出版社	
9		GB 5101—2003	烧结普通砖		中国建筑标准研究院	中国计划出版社	
10		GB 13545—2014	烧结空心砖和空心砌块	GB 13545—2003	中国建材检验认证集团西安有限公司	中国标准出版社	
11		GB 13544—2011	烧结多孔砖和多孔砌块	GB 13544—2000	西安墙体材料研究设计院	中国标准出版社	
12		JTS 206-1—2009	水运工程塑料排水板应用技术规程	JTJ/T 256—1996	中交天津港湾工程研究院有限公司	人民交通出版社	
13		JGJ/T 98—2010	砌筑砂浆配合比设计规程	JGJ 98—2000	陕西省建筑科学研究院	中国建筑工业出版社	
14		JTJ 275—2000	海港工程混凝土结构防腐蚀技术规范		广州四航工程技术研究院	人民交通出版社	
15		GB/T 14685—2011	建筑用卵石、碎石	GB/T 14685—2001	中国砂石协会	中国标准出版社	
16		GB 175—2007	通用硅酸盐水泥	GB 175—1999 GB 175—1992 GB 1344—1999	国家建筑材料工业局	中国标准出版社	
17		JGJ/T 193—2009	混凝土耐久性检验评定标准		中国建筑科学研究院	中国建筑工业出版社	
18		JTG/TB 07-01—2006	公路工程混凝土结构防腐蚀技术规范		长沙理工大学	人民交通出版社	
19		JTJ 296—1996	港口道路、堆场铺面设计与施工规范		交通部第四航务工程勘察设计院等	人民交通出版社	
20		JTG/T F20—2015	公路路面基层施工技术细则	JTJ 034—2000	交通部公路科学研究院	人民交通出版社	

续上表

序号	专业	标准、规范、规程代码	标准、规范、规程名称	废止标准、规范、规程代码	主要编制单位	出版单位	备注
21	水运材料	JGJ 18—2012	钢筋焊接及验收规范	JGJ 18—2003	陕西省建筑科学研究院	中国建筑工业出版社	
22		JGJ 107—2010	钢筋机械连接技术规程		中国建筑科学研究院	中国建筑工业出版社	
23		GB/T 5224—2014	预应力混凝土用钢铰线	GB/T 5224—2003	冶金工业信息标准研究院	中国标准出版社	
24		GB/T 15180—2010	重交通道路石油沥青	GB/T 271—1999	中国石油大学(华东)重质油研究所	中国标准出版社	
25		GB/T 494—2010	建筑石油沥青	GB/T 494—1998	中国石油大学(华东)重质油研究院	中国标准出版社	
26		GB/T 2290—2012	煤沥青	GB/T 2290—1994	鞍钢股份有限公司	中国标准出版社	
27		JTS 311—2011	港口水工建筑物修补加固技术规范	JT/T 271—1999	天津港湾工程研究所	人民交通出版社	
28		JTS 239—2015	水运工程混凝土结构实体检测技术规程	JT/T 272—1999		人民交通出版社	
29		JTS 257—2008	水运工程质量检验标准	JTJ 221—1998 JTJ 244—2005 JTJ/T 257—1996 JTJ 288—1993 JTJ 314—2004 JTJ 324—2006 JTJ 332—1996	中交第一航务工程局	人民交通出版社	
30		GB/T 9286—1998	色漆和清漆　漆膜的划格试验	GB/T 9286—1988	化工部常州涂料化工研究院		
31		JTS 202-2—2011	水运工程混凝土质量控制标准	JTJ 269—1996	中交第四航务工程研究院有限公司	人民交通出版社	结构也用
32		GB/T 17671—1999	水泥胶砂强度检验方法	ISO 679:1989	国家建筑材料工业局	中国标准出版社	
33		GB/T 1346—2011	水泥标准稠度用水量、凝结时间、安定性检验方法	GB/T 1346—2001	中国建筑材料科学研究院	中国标准出版社	
34		GB/T 1345—2005	水泥细度检测方法(80μm 筛筛析法)	GB/T 1345—1991		中国标准出版社	
35		GB/T 8074—2008	水泥比表面积测定方法(勃氏法)		中国建筑材料科学研究院	中国标准出版社	
36		GB/T 176—2008	水泥化学分析方法	GB/T 176—1996	中国建筑材料科学研究院	中国标准出版社	
37		GB/T 2419—2005	水泥胶砂流动度测定方法	GB/T 2419—1994	中国建筑材料科学研究院	中国标准出版社	

续上表

序号	专业	标准、规范、规程代码	标准、规范、规程名称	废止标准、规范、规程代码	主要编制单位	出版单位	备注
38	水运材料	GB/T 12959—2008	水泥水化热测定方法	GB/T 12959—1991	中国标准出版社	中国标准出版社	
39		GB/T 208—2014	水泥密度测定方法	GB/T 208—1994	中国建筑材料科学研究总院	中国标准出版社	
40		GB/T 14684—2011	建筑用砂	GB/T 14684—2001	中国砂石协会	中国标准出版社	
41		GB/T 6920—1986	水质 pH值的测定规定 玻璃电极法			中国环境科学出版社	
42		GB 11896—1989	水质 氯化物的测定 硝酸银滴定法		水电部水质试验中心	中国标准出版社	
43		GB 11899—1989	水质 硫酸盐的测定 重量法		中国环境监测总站	中国标准出版社	
44		GB 11901—1989	水质 悬浮物的测定 重量法		烟台市环境监测中心站	中国标准出版社	
45		GB/T 5750.4—2006	生活饮用水标准检验方法 感官性状和物理指标		中国标准出版社	中国标准出版社	
46		GB/T 176—2008	水泥化学分析方法(火焰光度计法)	GB/T 176—1996	中国建筑材料科学研究院	中国标准出版社	
47		GB/T 8077—2012	混凝土外加剂匀质性试验方法	GB/T 8077—2000	苏州混凝土水泥制品研究院等	中国标准出版社	
48		GB 8076—2008	混凝土外加剂	GB 8076—1997	中国建筑材料科学研究总院	中国标准出版社	
49		GB/T 11969—2008	蒸压加气混凝土性能试验方法	替代 GB/T 11969～11975—1997	中国加气混凝土协会	中国标准出版社	
50		GB/T 2542—2012	砌墙砖试验方法	GB/T 2542—2003	西安墙体材料研究设计院	中国标准出版社	
51		GB/T 13762—2009	土工合成材料 土工布及土工布有关产品单位面积质量的测定方法	GB/T 13762—1992		中国标准出版社	
52		GB/T 13761.1—2009	土工合成材料规定压力下厚度的测定 第1部分:单层产品厚度的测定方法	GB/T 13761—1992	全国纺织品标准化委员会基础分会	中国标准出版社	
53		GB/T 17598—1998	土工布 多层产品中单层厚度的测定		中国纺织总会标准化研究所	中国标准出版社	
54		GB/T 3923.1—2013	纺织品 织物拉伸性能 第一部分:断裂强力和断裂伸长率的测定 条样法	GB/T 3923.1—1997	国家棉纺织品产品质量监督检验中心	中国标准出版社	
55		GB/T 15788—2005	土工布及其有关产品 宽条拉伸试验方法	GB/T 15788—1995	纺织工业标准化研究所等	中国标准出版社	
56		GB/T 14800—2010	土工合成材料 顶破试验方法		绍兴中纺院江南分院有限公司等	中国标准出版社	

续上表

序号	专业	标准、规范、规程代码	标准、规范、规程名称	废止标准、规范、规程代码	主要编制单位	出版单位	备注
57	水运材料	GB/T 19978—2005	土工布及其有关产品　刺破强力的测定		中国标准出版社	中国标准出版社	
58		GB/T 17630—1998	土工布及其有关产品动态穿孔试验　落锥法		中国纺织总会标准化委员会	中国标准出版社	
59		GB/T 14799—2005	土工布及其有关产品　有效孔径的测定　干筛法		纺织工业标准化研究所等	中国标准出版社	
60		GB/T 17634—1998	土工布及其有关产品　有效孔径的测定　湿筛法		中国纺织总会标准化研究所	中国标准出版社	
61		GB/T 15789—2016	土工布及有关产品　无负荷时垂直渗透性的测定		国家纺织制品质量监督检验中心	中国标准出版社	
62		GB/T 19979.2—2006	土工合成材料　防渗性能　第2部分：渗透系数的测定		纺织工业标准化研究所等	中国标准出版社	
63		GB/T 17638—2017	土工合成材料　短纤针刺非织造土工布	GB/T 17638—2017	中纺标检验认证有限公司等	中国标准出版社	
64		GB/T 17639—2008	土工合成材料　长丝纺粘针刺非织造土工布	GB/T 17639—1998	国家纺织制品质量监督检验中心等	中国标准出版社	
65		GB/T 17640—2008	土工合成材料　长丝机织土工布	GB/T 17640—1998	国家纺织制品质量监督检验中心	中国标准出版社	
66		GB/T 17641—2017	土工合成材料　裂膜丝机织土工布		中纺标检验认证有限公司等	中国标准出版社	
67		GB/T 17642—2008	土工合成材料　非织造复合土工膜	GB/T 17642—1998	国家纺织制品质量监督检验中心等	中国标准出版社	
68		GB/T 17643—2011	土工合成材料　聚乙烯土工膜		北京华盾雪花塑料集团有限责任公司等	中国标准出版社	
69		GB/T 17689—2008	土工合成材料　塑料土工格栅	GB/T 17689—1999	重庆庆兰塑料制品有限公司	中国标准出版社	
70		GB/T 17690—1999	土工合成材料　塑料扁丝编织土工布		常州塑料编织总厂	中国标准出版社	
71		GB/T 18887—2002	土工合成材料　机织/非织造复合土工布		纺织工业标准化研究所等	中国标准出版社	
72		GB/T 16422.1—2006	塑料实验室光源暴露试验方法　第1部分:总则		广州合成材料研究院	中国标准出版社	
73		GB/T 16422.2—2014	塑料　实验室光源暴露试验方法　第2部分：氙弧灯		广州合成材料研究院有限公司等	中国标准出版社	
74		GB/T 16422.3—2014	塑料　实验室光源暴露试验方法　第3部分：荧光紫外灯	GB/T 16422.3—1997	广州合成材料研究院	中国标准出版社	
75		GB/T 1040.1—2006	塑料　拉伸性能的测定　第1部分:总则	GB/T 1040—1992	上海市塑料研究所	中国标准出版社	
76		GB/T 1040.3—2006	塑料　拉伸性能的测定　第3部分：薄膜和薄片的试验条件		国家合成树脂监督检验中心	中国标准出版社	

续上表

序号	专业	标准、规范、规程代码	标准、规范、规程名称	废止标准、规范、规程代码	主要编制单位	出 版 单 位	备注
77	水运材料	GB/T 6672—2001	塑料薄膜的薄片　厚度测定机械测量法		全国塑料制品标准化技术委员会	中国标准出版社	
78		GB/T 21825—2008	玻璃纤维土工格栅	JC 839.1—1998	南京玻璃纤维研究设计院	中国标准出版社	
79		JGJ/T 70—2009	建筑砂浆基本性能试验方法标准	JGJ 98—1990	陕西省建筑科学研究院	中国建筑工业出版社	
80		GB/T 50082—2009	普通混凝土长期性能和耐久性能试验方法标准	GBJ 82—1985	中国建筑科学研究院	中国建筑工业出版社	
81		JTG E51—2009	公路工程无机结合料稳定试验规程		交通运输部公路科学研究院	人民交通出版社	
82		GB/T 228.1—2010	金属材料　拉伸试验　第1部分：室温试验方法	GB/T 228—2002	冶金部钢铁研究总院	中国标准出版社	
83		GB/T 232—2010	金属材料　弯曲试验方法	GB/T 232—1999	冶金部钢铁研究总院	中国标准出版社	
84		GB/T 223	钢铁及合金化学分析方法			中国标准出版社	
85		GB/T 230.1—2009	金属材料　洛氏硬度试验　第1部分:试验方法（A、B、C、D、E、F、G、H、K、N、T标尺）	GB/T 230—2004	冶金部钢铁研究总院	中国标准出版社	
86		GB/T 231.1—2009	金属材料　布氏硬度试验　第1部分:试验方法		全国钢标准化技术委员会	中国标准出版社	
87		GB/T 4340.1—2009	金属材料　维氏硬度试验　第1部分:试验方法		全国钢标准化技术委员会	中国标准出版社	
88		YB/T 5126—2003	钢筋混凝土用钢筋弯曲和反向弯曲试验方法		重庆钢铁研究所等	中国标准出版社	
89		GB 1499.1—2008	钢筋混凝土用钢　第1部分:热轧光圆钢筋		中冶集团建筑研究总院	中国标准出版社	
90		GB 1499.2—2007	钢筋混凝土用钢　第2部分:热轧带肋钢筋		中冶集团建筑研究总院	中国标准出版社	
91		GB 13014—2013	钢筋混凝土用余热处理钢筋	GB 13014—1991	中冶集团建筑研究总院	中国标准出版社	
92		GB/T 701—2008	低碳钢热轧圆盘条	GB/T 701—1997	马鞍山钢铁股份有限公司	中国标准出版社	

续上表

序号	专业	标准、规范、规程代码	标准、规范、规程名称	废止标准、规范、规程代码	主要编制单位	出版单位	备注
93	水运材料	GB/T 5223—2014	预应力混凝土用钢丝	GB/T 5223—2002	中冶建筑研究总院	中国标准出版社	
94		GB/T 24238—2017	预应力钢丝及钢绞线用热轧盘条		鞍钢股份有限公司等	中国标准出版社	
95		GB/T 5223.3—2017	预应力混凝土用钢棒	GB 4463—2005	天津第一预应力钢丝有限公司	中国标准出版社	
96		JGJ/T 27—2014	钢筋焊接接头试验方法标准	JGJ/T 27—2001	陕西省建筑科学研究院	中国建筑工业出版社	
97		GB/T 2651—2008	焊接接头拉伸试验方法	GB 2651—1989	哈尔滨焊接研究所	中国标准出版社	
98		GB/T 2653—2008	焊接接头弯曲试验方法		哈尔滨焊接研究所	中国标准出版社	
99		GB/T 10120—2013	金属材料　拉伸应力松弛试验方法	GB/T 10120—1996	上海电气电站设备有限公司上海汽轮机厂	中国标准出版社	
100		GB/T 22315—2008	金属材料弹性模量和泊松比试验方法			中国标准出版社	
101		GB/T 4507—2014	沥青软化点测定法	GB/T 4507—1999	中国石油大学重质油研究所	中国标准出版社	
102		GB/T 4508—2010	沥青延度测定法	GB/T 4508—1999	中国石油大学(华东)重质油研究所	中国标准出版社	
103		GB/T 4509—2010	沥青针入度测定法	GB/T 4509—1998	全国石油产品和润滑剂标准化技术委员会石油沥青分技术委员会	中国标准出版社	
104		JTS 311—2011	港口水工建筑物修补加固技术规范	JTJ/T 271—1999	中交四航工程研究院有限公司	人民交通出版社	
105		GB/T 2794—2013	胶黏剂黏度的测定　单圆筒旋转黏度计法	GB/T 2794—1995		中国标准出版社	
106		GB/T 11344—2008	接触式超声波脉冲回波法测厚			中国标准出版社	
107		GB/T 13288.2—2011	涂覆涂料前钢材表面处理　喷射清理后的钢材表面粗糙度特性　第2部分:磨料喷射清理后钢材表面粗糙度等级的测定方法　比较样块法		中国船舶工业综合技术经济研究院	中国标准出版社	
108		GB/T 9286—1998	色漆和清漆　漆膜的划格试验		常州涂料化工研究院	中国标准出版社	
109		GB/T 5210—2006	色漆和清漆　拉开法附着力试验	GB/T 5210—1985	国家质量监督检验检疫总局等	中国标准出版社	
110		GB/T 208—2014	水泥密度测定方法	GB 208—1994	中国建筑材料科学研究总院	中国标准出版社	
111		GB/T 11374—2008	热喷涂涂层厚度的无损测量方法		武汉材料保护所	中国标准出版社	
112		GB/T 4111—2013	混凝土砌块和砖试验方法	GB/T 4111—1997	河南建筑材料研究设计院等	中国标准出版社	
113		JTJ 239—2005	水运工程土工合成材料应用技术规范	JTJ/T 239—1998	天津港湾研究所	人民交通出版社	

续上表

序号	专业	标准、规范、规程代码	标准、规范、规程名称	废止标准、规范、规程代码	主要编制单位	出版单位	备注
114	结构	JTS 258—2008	水运工程测量质量检验标准		长江航道局	人民交通出版社	
115		JTS 133-3—2010	航道工程地质勘察规范		长江航道局设计研究院	人民交通出版社	
116		JGJ 94—2008	建筑桩基技术规程	JGJ 94—1994	住房和城乡建设部标准定额研究所	中国建筑工业出版社	
117		JTS 167-2—2009	重力式码头设计与施工规范	JTJ 290—1998	中交第四航务工程局有限公司 中交四航局港湾工程设计院有限公司	人民交通出版社	
118		JTS 167-1—2010	高桩码头设计与施工规范	JTJ 291—1998	中交第三航务工程勘察设计院有限公司	人民交通出版社	
119		JTS 165-5—2009	液化天然气码头设计规范	JTJ 304—2003	中交第四航务工程勘察设计院有限公司	人民交通出版社	
120		JTS 154-1—2011	防波堤设计与施工规范	JTJ 298—1998	中交第一航务工程勘察设计院有限公司	人民交通出版社	
121		JTS 151—2011	水运工程混凝土结构设计规范	JTJ 267—1998	中交水运规划设计院有限公司	人民交通出版社	
122		JTS 311—2011	港口水工建筑物修补加固技术规范	JTJ/T 271—1999	中交第四航务工程研究院有限公司	人民交通出版社	
123		JTS 147-2—2009	真空预应力加固软土地基技术规程		交通运输部	人民交通出版社	
124		JTJ/T 259—2004	水下深层水泥搅拌法加固软土地基技术规程		中交第一航务工程局有限公司	人民交通出版社	
125		JTS 202-1—2010	水运工程大体积混凝土温度裂缝控制技术规程		中交武汉港湾工程设计院有限公司	人民交通出版社	
126		JTJ 255—2002	港口工程基桩静荷载试验规程		中交武汉港湾工程设计院有限公司	人民交通出版社	
127		JTJ 218—2005	水运工程水工建筑物原型观测技术规范		交通部天津水运工程科学研究所 天津港湾工程研究所	人民交通出版社	
128		JTS 239—2015	水运工程混凝土结构实体检测技术规程	JTJ/T 272—1999	天津港湾工程研究所	人民交通出版社	
129		JTS 257—2008	水运工程质量检验标准	JTJ 221—1998 JTJ 244—2005 JTJ/T 257—1996 JTJ 288—1993 JTJ 314—2004 JTJ 324—2006 JTJ 332—1996	中交第一航务工程局	人民交通出版社	

续上表

序号	专业	标准、规范、规程代码	标准、规范、规程名称	废止标准、规范、规程代码	主要编制单位	出版单位	备注
130	结构	GB 50204—2015	混凝土结构工程施工质量验收规范	GB 50204—2002	中国建筑科学研究院	中国建筑工业出版社	
131		JTS 153-3—2007	海港工程钢结构防腐蚀技术规范	JTJ 230—1989	中交天津港湾工程研究院有限公司	人民交通出版社	
132		JTJ 302—2006	港口水工建筑物检测与评估技术规范		中交四航工程研究院有限公司	人民交通出版社	
133		JGJ/T 23—2001 J 115—2001	回弹法检测混凝土抗压强度技术规程	JGJ/T 23—1992	陕西省建筑科学研究设计院	中国建筑工业出版社	
134		JTJ 254—2000	港口工程桩基规范	JTJ 254—1998	交通部第三航务工程勘察设计院	人民交通出版社	
135		JTJ 249—2001	港口工程桩基动力检测规程		武汉港湾工程设计研究院	人民交通出版社	
136		JGJ 106—2003 J 256—2003	建筑基桩检测技术规范	JGJ 106—1997	中国建筑科学研究院	中国建筑工业出版社	
137		JTG/T F50—2011	公路桥涵施工技术规范	JTJ 041—2000	中交第一公路工程局	人民交通出版社	
138		JTS 144-1—2010	港口工程荷载规范	JTJ 215—1998	中交第一航务工程勘察设计院有限公司	人民交通出版社	
139		CECS 02:2005	超声回弹综合法检测混凝土抗压强度技术规程		中国建筑科学研究院	中国计划出版社	
140		JTJ 270—1998	水运工程混凝土试验规程		天津港湾工程研究所 南京水利科学研究院	人民交通出版社	
141		CECS 03:2007	钻芯法检测混凝土强度技术规程		中国建筑科学研究院	中国建筑工业出版社	
142		CECS 21:2000	超声法检测混凝土缺陷技术规程		陕西省建筑科学研究设计院 上海同济大学	中国建筑工业出版社	
143		GB/T 50344—2004	建筑结构检测技术标准		四川省建筑科学研究院	中国建筑工业出版社	
144		GB/T 101610—2009	产品几何技术规范(GPS)表面结构 轮廓法 评定表面结构的规则和方法				
145		GB/T 9286—1998	色漆和清漆 漆膜的划格试验		化工部常州涂料化工研究院	中国标准出版社	
146		GB 50152—1992	结构试验方法标准-混凝土结构试验方法标准		中华人民共和国原城乡建设环境保护部	中国建筑工业出版社	

续上表

序号	专业	标准、规范、规程代码	标准、规范、规程名称	废止标准、规范、规程代码	主要编制单位	出版单位	备注
147	结构		大跨径混凝土桥梁的试验方法（交通部公路科学研究所 1982）				
148		JTJ 203—2001	水运工程测量规范	JTJ 203—1994	天津航道局	人民交通出版社	
149		CCES 01—2004	混凝土结构耐久性设计与施工指南			中国建筑工业出版社	
150			港口码头结构安全性检测与评估指南		中交四航工程研究院有限公司	人民交通出版社	
151		JTJ 254—1998	港口工程桩基规范局部修订（桩的水平承载力设计）		中港第三航务局科研所	人民交通出版社	
152		JTJ 285—2000	港口工程嵌岩桩设计与施工规程		中港第三航务局科研所	人民交通出版社	
153		JTJ 248—2001	港口工程灌注桩设计与施工规程		中港第二航务工程局	人民交通出版社	
154		GB 5001—2010	混凝土结构设计规范	GB 50010—2002		中国建筑工业出版社	
155		JTS 151—2011	水运工程混凝土结构设计规范	JTJ 267—1998	水交水运规划设计院有限公司	人民交通出版社	
156		GB 50007—2011	建筑地基础设计规范	GB 50007—2002	中国建筑科学研究院	中国建筑工业出版社	
157		GB 50205—2001	钢结构工程施工质量验收规范	GB 50221—1995	冶金建筑研究总院	中国计划出版社	
158		CECS 22:2005	岩土锚杆（索）技术规程		中冶集团建筑研究总院		
159		GB 13476—2009	先张法预应力混凝土管桩		苏州混凝土水泥制品研究院		
160		10G409	预应力混凝土管桩	03SG409	苏州中材建材设计研究院	中国计划出版社	
161	地基基础	04G361	预制钢筋混凝土方桩	97SG361	华东建筑设计研究院	中国计划出版社	
162		GB 50202—2002	建筑地基基础工程施工质量验收规范		上海市建设和管理委员会	中国计划出版社	
163		JTJ 147-1—2010	港口工程地基规范	JTJ 250—1998	中交天津港湾工程研究院有限公司	人民交通出版社	
164		JGJ 79—2002 J 220—2002	建筑地基处理技术规范		中国建筑科学研究院	中国建筑工业出版社	
165		JTS 133—2013	港口工程地质勘察规范	JTT 240—1997	中交第二航务工程勘察设计院有限公司	人民交通出版社	
166		JTS 133-1—2010	港口岩土工程勘察规范	JTJ 240—1997	中交第二航务工程勘察设计院有限公司	人民交通出版社	

续上表

序号	专业	标准、规范、规程代码	标准、规范、规程名称	废止标准、规范、规程代码	主要编制单位	出版单位	备注
167	地基基础	GB 50497—2009	建筑基坑工程监测技术规范		济南大学	中国建筑工业出版社	
168		GB/T 50123—1999	土工试验方法标准		南京水利科学研究院	中国计划出版社	
169		ST 237—1999	土工试验规程	SD 128—1987	南京水利科学研究院	中国水利水电出版社	
170		GB/T 50145—2007	土的工程分类标准	GBJ 145—1990	南京水利科学研究院	中国计划出版社	
171		CECS 55:1993	孔隙水压力测试规程		上海岩土工程勘察设计研究院	中国工程建设标准化协会	
172		YS 5229—1996	岩土工程监测规范		中国有色金属工业昆明勘察院	中国计划出版社	
173		JTS 257—2008	水运工程质量检验标准	JTJ 221—1998、JTJ 244—2005、JTJ/T 257—1996、JTJ 288—1993、JTJ 314—2004、JTJ 324—2006、JTJ 332—1996	中交第一航务工程局	人民交通出版社	
174		GB/T 50269—2015	地基动力特性测试规范	GB/T 50269—1997	机械工业部研究院	中国计划出版社	
175		GB 50007—2011	建筑地基基础设计规范	GB 50007—2002	中国建筑科学研究院	中国计划出版社	

附录E 公路工程试验检测仪器设备计量管理目录

公路工程试验检测仪器设备计量管理目录

专业分类	序号	仪器设备
一、路用土	1	光电液塑限联合测定仪
	2	自动击实仪
	3	路面材料强度仪(CBR 试验装置)
	4	比重瓶
	5	杠杆压力仪
	6	承载板及测力装置
	7	表面振动压实仪
	8	三轴仪
	9	自动膨胀率测定装置
二、集料	10	规准仪
	11	压碎值试验仪
	12	洛杉矶磨耗机
	13	加速磨光机
	14	* 摆式摩擦系数测定仪
	15	砂当量仪
	16	李氏比重瓶
	17	细集料棱角性测定仪
三、路用水泥	18	标准法维卡仪
	19	沸煮箱
	20	雷氏夹
	21	胶砂搅拌机
	22	标准恒温恒湿养护箱
	23	电动抗折试验机
	24	凝结时间测定仪
	25	水泥胶砂流动度测试仪
四、路用水泥混凝土、砂浆	26	标准养护室
	27	水泥混凝土搅拌机
	28	振动台
	29	塌落度筒
	30	混凝土贯入阻力仪
	31	混凝土渗透仪
	32	容量筒
	33	冻融试验机
	34	混凝土动弹性模量测定仪
	35	混凝土磨耗试验机
	36	水泥砂浆稠度仪
	37	水泥砂浆分层度仪
	38	干缩养护箱
五、路用水泥外加剂	39	含气量测定仪
六、无机结合料稳定材料	40	负压筛析仪
七、路用沥青	41	自动针入度仪

续上表

专业分类	序号	仪器设备
七、路用沥青	42	低温延度仪
	43	软化点仪
	44	闪点仪
	45	薄膜烘箱
	46	旋转薄膜烘箱
	47	蜡含量测定仪
	48	真空减压毛细管粘度仪
	49	黏韧性试验仪
	50	沥青乳液稳定性试验管
八、路用沥青混合料	51	沥青混合料拌和机
	52	马歇尔自动击实仪
	53	马歇尔稳定度仪
	54	真空负压装置
	55	轮碾成型机
	56	干车辙试验机
	57	湿车辙试验机
	58	抽提仪
	59	燃烧炉
九、路用土工合成材料	60	材料试验机
	61	厚度测定仪
	62	渗透系数测定仪
十、路基路面	63	路面雷达测试系统
	64	环刀
	65	灌砂筒
	66	* 车载激光平整度仪
	67	车载颠簸累积仪
	68	连续式平整度仪
	69	贝克曼梁式弯沉仪
	70	后插式自动弯沉仪
	71	前插式自动弯沉仪
	72	落锤式弯沉仪
	73	激光构造深度仪
	74	铺砂仪
	75	单轮偏角式摩擦系数测定仪
	76	双轮合角式摩擦系数测定仪
	77	制动力式摩擦系数测定仪
	78	路面渗水仪
	79	自动车辙仪
	80	* 激光车辙仪
	81	道路几何数据测试仪

续上表

专业分类	序号	仪器设备
十、路基路面	82	坡度仪
	83	核子密度仪
	84	无核密度仪
十一、桥隧结构混凝土	85	压力机
	86	混凝土碳化深度测试仪
	87	钢筋位置测定仪
	88	裂缝测宽仪
	89	钢筋锈蚀测量仪
	90	混凝土电阻率测定仪
	91	氯化物快速测定仪
十二、桥梁结构检测与监测	92	振弦式测量系统
	93	激光桥梁挠度检测仪
	94	索力动测仪
	95	风速计
十三、桥梁地基基础、基桩	96	测斜仪
	97	动力触探仪
	98	基桩低应变仪
	99	基桩高应变仪
	100	超声波侧壁测定仪
十四、桥梁钢筋(含接头)	101	万能材料试验机
	102	弯曲装置
	103	标距打点机
十五、桥梁锚具、钢绞线	104	锚具试验系统
	105	金属拉伸应力松弛试验机
	106	疲劳试验机
十六、桥梁支座	107	压剪试验机
十七、伸缩缝	108	桥梁伸缩装置
十八、波纹管	109	柔韧性试验装置
	110	管材落锤冲击试验机
十九、桥梁钢结构	111	射线探伤仪
	112	磁粉探伤仪
	113	超声测力计
二十、隧道结构	114	激光断面仪
	115	锚杆拉拔仪
	116	工程雷达
二十一、隧道围岩稳定性及支护监控量测	117	钢筋应力计
	118	压力盒
	119	表面应变计
二十二、隧道环境检测	120	光透过率仪
二十三、交安设施电性能检测	121	视频信号发生器

续上表

专业分类	序号	仪器设备
二十三、交安设施电性能检测	122	视频测量仪
	123	低速数据测试仪
	124	通信性能综合分析仪
二十四、交安设施光学量检测	125	光强计
	126	标准逆反射测试系统(机械)
	127	标准逆反射测试系统(光学)
二十五、交安设施原材料检测	128	维卡软化点测定仪(热变形温度测量仪)
	129	氧指数测定仪
二十六、交安设施防腐层质量	130	涂层附着力测定锤
	131	漆膜弯曲试验装置
	132	漆膜耐冲击测定器
二十七、交通安全设施	133	*反光标志逆反射系数测试仪
	134	反光膜附着性测定装置
	135	反光膜抗冲击性能测试仪
	136	*反光标线逆反射系数测试仪
	137	漆膜磨耗仪
	138	标线涂层厚度测试装置
	139	玻璃珠筛分器
	140	*突起路标发光强度系数测试仪
	141	突起路标抗冲击试验装置
	142	不粘胎时间测定仪
二十八、交安通信管道与基础	143	*塑料通信管内壁摩擦系数测定仪
	144	微机控制管材耐压爆破试验机
	145	落锤式冲击仪
二十九、交安监控设施	146	网络线缆认真测试仪
	147	电缆故障综合测试仪
三十、交安通信设施	148	话缆串扰测试仪
	149	场强计
三十一、隧道机电设施	150	能见度仪

注:“*”为已获得授权的部门计量标准。

附录F 水运工程试验检测仪器设备计量管理目录

水运工程试验检测仪器设备计量管理目录

序号	专业	类别	设备名称
1	材料检测设备	一、水泥	维卡仪
2			雷氏夹膨胀值测定仪
3			沸煮箱
4			负压筛析仪
5			电动抗折试验机
6			水泥水化热测定设备
7			胶砂流动度测定仪
8		二、粗、细集料	容量筒
9			针片状规准仪
10			压碎指标值测定仪
11		三、水、外加剂	含气量测定仪
12			贯入阻力仪
13		四、土工合成材料	渗透仪
14			纵向通水量试验仪
15			无侧限测厚仪
16			垂直渗透仪
17			落槌穿透仪
18		五、砂浆	砂浆稠度仪
19		六、水泥混凝土	混凝土搅拌机
20			维勃稠度仪
21			坍塌度筒
22			抗渗仪
23			冷冻设备
24			动弹性模量测定仪
25			电通量测定仪
26			氯离子扩散系数测定仪
27			涂层湿膜厚度规
28			显微镜式测厚仪
29			拉脱式涂层粘接力测试仪
30		七、钢绞线	松弛试验机
31		八、沥青	软化点仪
32			延度仪
33			针入度仪
34		九、黏结材料	黏度计
35		十、土	环刀
36			灌砂筒
37			液塑限联合测定仪
38			击实仪
39			无侧限抗压强度测定仪
40			三轴仪

续上表

序号	专业	类别	设备名称
41	材料检测设备	十一、结构混凝土	*回弹仪
42			*非金属超声波检测仪
43			钢筋保护层测定仪
44			钢筋锈蚀仪
45		十二、钢结构防腐	涂膜附着力测试仪
46		十三、结构混凝土	裂缝宽度测试仪
47	结构检测设备	十四、结构及构件	激光挠度仪
48			电位器式多点位移计
49			滑线电阻式多点位移计
50			500吨以上千斤顶
51		十五、基桩	*静载试验仪
52			*基桩高应变仪
53			*基桩低应变仪
54			井径仪(超声波成孔成槽质量检测仪)
55		十六、地基	动力触探仪
56			测斜仪
57			*钢弦式孔隙水压力计
58			电阻应变式孔隙水压力计
59			土压力计
60			弦式接收仪
61			分层沉降仪
62			水位计
63			十字板剪切板仪
64			钢弦式钢筋计
65			电阻应变式钢筋计
66			光纤光栅钢筋计
67			钢弦式锚索测力计
68			钢弦式锚杆测力计
69			差动式电阻应力计
70	水文地质测绘设备	十七、定位定向	全球导航卫星系统(GNSS)
71			罗经
72			超短基线定位系统
73			长基线定位系统
74		十八、浪潮流沙	*超声波水位计
75			*地下水位计
76			*浮子式验潮仪(水位计)
77			*压力式验潮仪(水位计)
78			重锤式料/液位计
79			超声波式波浪测量仪
80			压力式波浪测量仪
81			旋桨式流速仪

续上表

序号	专　业	类　别	设备名称
82	水文地质测绘设备	十八、浪潮流沙	超声波流速仪
83			电磁流速仪
84			直读式海流计
85			声学多普勒流速剖面仪(ADCP)
86			含沙量测定仪
87			颗粒分析仪
88			测冰仪
89		十九、地形地貌	多波束测深仪
90			*回声测深仪
91			声速剖面仪
92			姿态测量仪
93			浅地层剖面仪
94			侧扫声纳
95			扫描声纳
96		二十、重磁	海洋磁力仪
97			海洋重力仪
98	港口设施检测设备	二十一、重力	负荷传感器二次仪表
99			数字式起重力矩限制器
100		二十二、位移及速度	角度检测仪
101			输送带速度检测仪
102			起升高度检测仪
103			重锤式角度检测仪
104			同步位移传感器
105			起重小车位移检测仪
106			料位高度检测仪
107			伺服加速度传感器
108			胶带偏斜指示器
109		二十三、安全设施	光电式旋转编码器
110			起重力矩限制器
111			起重机运行偏斜限制器
112	助航设施检测设备	二十四、航标	航标灯光发射角度测量仪
113		二十五、船闸	*闸门开度计

注:"*"为国家水运工程检测设备计量站已经获得国家质检总局授权的计量标准。